Sommaire

70 ACTIVITÉS

1. Identification des mots

• par la voie indirecte

3. Production de textes

4. Acculturation au monde de l'écrit

ANNEXES

Introduction

Les soixante-dix activités proposées dans ce guide pratique s'inscrivent dans la ligne directe des programmes et documents d'accompagnement de 2002.

L'objectif de cet ouvrage est de fournir aux enseignants des pistes et des suggestions d'activités dans le domaine de l'apprentissage de la langue, toutes expérimentées, afin de rendre le plus efficace possible l'apprentissage de la lecture et permettre à un maximum d'enfants de réussir.

Ces activités peuvent être pratiquées en situation de découverte, d'entraînement ou de consolidation du CP au CE1, voire, pour certaines, dès la grande section de maternelle, quelque soit la méthode de lecture utilisée.

Le tableau des pages 9 et 10 récapitule les niveaux correspondant aux activités.

Les documents d'accompagnement des programmes identifient clairement quatre domaines « devant faire l'objet d'un travail dense et continu ». Les activités proposées sont réparties selon ces quatre domaines :

- identification des mots par la voie indirecte (déchiffrage) et directe (voie orthographique) ;
- compréhension de textes à l'oral et à l'écrit ;
- activités d'écriture et de production de textes (copie, production personnelle, dictée) ;
- acculturation au monde de l'écrit.

Elles sont à traiter en parallèle et agissent en interaction ; l'ordre dans lequel elles sont présentées ne constituent pas une programmation.

De fait, une importance toute particulière est accordée à l'identification des mots par la voie indirecte, pour favoriser la maîtrise du principe de la combinatoire et l'automatisation des correspondances graphèmes-phonèmes.

Les activités d'écriture, dont on connaît le rôle essentiel, puisqu'elles permettent à l'enfant d'« apprendre à lire en écrivant », ne devront en aucun cas être négligées, et l'enseignant veillera à respecter les 2 h 30 de lecture / écriture inscrites au programme de cycle 2.

En annexe, une banque d'outils est fournie (listes agencées de mots, tableau de syllabes les plus courantes, images à photocopier…), pour aider l'enseignant dans sa recherche et la préparation des activités pour sa classe.

Réflexions pédagogiques et conseils

● Activités sur l'identification des mots

• Le travail sur la syllabe doit être commencé dès le début de l'année scolaire.

• Les acquisitions de syllabes et de mots sont révisées quotidiennement (en les faisant récrire).

• Il est préférable de travailler d'abord sur le repérage de la syllabe d'attaque et sur la rime, plus faciles à isoler que la (ou les) syllabe(s) intermédiaire(s).

• Comme le rappellent les programmes, le travail de décomposition de mots en syllabes et de recomposition de mots avec des syllabes « ne peut pas être considéré comme un objectif de lecture mais il contribue à accroître l'habileté et la fluidité du déchiffrage ». Il est d'une grande aide notamment pour les élèves les plus en difficulté.

• Le travail d'entraînement à la segmentation syllabique précédera le repérage du phonème qui est beaucoup plus difficile à percevoir. La perception du phonème se fait progressivement par comparaison des syllabes.

• En cas de besoin, certains phonèmes proches feront l'objet d'une étude plus approfondie.

• L'enseignant veillera à bien distinguer le mot monosyllabique (petit mot porteur de sens) et la syllabe (morceau de mot). *Par exemple:* ***ma*** *maison (= la mienne) et* ***ma*** *de matin.*

• Il est intéressant également de faire travailler sur les blocs de lettres identiques:

– en entraînant les élèves à observer et à repérer des analogies de plus grande taille que la syllabe (*exemple: «* ***ture*** *» dans les mots « voiture - lecture - écriture - confiture »*);

– en faisant repérer un mot dans un autre (*exemples: « mer » dans « mercredi »; « vendre » dans « vendredi »*).

● Activités d'écriture

• Utiliser un cahier du jour « oblige » à écrire tous les jours, ce qui est très important.

• Éviter de faire coller les exercices sur feuilles dans le cahier du jour qui est réservé aux activités d'écriture. Le cahier sera plus propre et l'écriture valorisée.

• Utiliser des lignes « seyes » de 3 ou 4 mm qui permettent d'écrire plus gros et donc favorisent l'analyse des mots et le repérage des erreurs.

• Veiller à ce que la quantité d'écrit au quotidien soit suffisante.

• Ne pas se contenter de faire écrire les élèves sur des fiches photocopiées.

• Veiller à ce que l'écriture modèle de l'enseignant (au tableau et sur les cahiers) soit parfaite.

• Faire copier le travail à faire à la maison dès le début de l'année. (Même si le résultat est moins beau que l'écriture photocopiée de l'enseignant !)

• Un entraînement régulier devrait permettre aux élèves de fin de CP de pratiquer la copie mot par mot.

• Activités de production personnelle

Veiller, lors des activités de production, à ce que les élèves ne se contentent pas d'utiliser les mots contenus dans les affichages ou outils de référence, mais les encourager à analyser les syllabes et les sons qu'ils entendent dans le mot inconnu pour pouvoir l'écrire. Éviter ainsi qu'ils ne s'enferment dans une approche globale de la langue.

Les enfants prendront alors conscience que la connaissance du code leur permet d'écrire des mots qu'ils n'ont jamais rencontrés.

• L'orthographe

• Lors de l'étude de la relation graphème-phonème, présenter dans la même séance les graphies les plus courantes d'un même son, afin de développer le doute orthographique. *Exemple : le son* [o] *peut s'écrire « o », « au », « eau ».*

• Veiller à sensibiliser les élèves aux différents rôles des lettres (code graphophonétique et code graphomorphologique) :

– rôle de transcription phonique : parler aux enfants de « lettres qui font du bruit » *(exemple : dans le mot « dent », « e » et « n » sont mariés pour donner le son* [ɑ̃]*)* ;

– rôle lexical : expliquer que certaines lettres ne font pas de bruit mais sont là pour rappeler la famille d'un mot (*exemple : la lettre « t » dans le mot « dent » fait penser à « dentifrice, dentiste, dentier... »*) ;

– rôle grammatical : expliquer que « certaines lettres ne font pas de bruit » mais sont là pour donner un renseignement *(exemple : dans « mes dents », le « s » signifie que j'ai plusieurs dents)*. Les terminologies (genre, nombre) ne sont pas pour autant données au CP.

• Les abréviations

• Expliciter l'utilisation et le sens des abréviations : « b » (bien), « tb » (très bien), « ab » (assez bien), « CP » (cours préparatoire)...

• Éviter l'usage excessif des abréviations : voir les mots écrits dans leur entier permet à l'enfant d'associer du sens aux mots, de les mémoriser et d'éviter la confusion entre lettres et mots. Par exemple, faire copier aux élèves « lire page 3 » et non pas « lire p. 3 ».

Tableau récapitulatif des niveaux des activités

Activités			Niveaux		
			GS	CP	CE1
1. Identification des mots	par la voie indirecte	1. Comme un robot	■	■	
		2. La course aux syllabes	■	■	
		3. Tri d'images	■	■	
		4. Jeu de l'escargot	■	■	■
		5. Découper des mots		■	■
		6. Les bâtonnets et les pions		■	■
		7. Les touches de piano		■	■
		8. Tri de cartes	■	■	■
		9. Les paires	■	■	■
		10. Les familles en couleur	■	■	■
		11. La course aux mots	■	■	■
		12. La collecte de mots		■	■
		13. Le chef de famille		■	■
		14. Recomposer des mots connus		■	■
		15. Les mots bizarres		■	■
		16. Les gammes		■	■
		17. Utiliser le tableau des syllabes		■	■
		18 Les mots à trou		■	■
		19. Méli-mélo		■	■
		20. Le mot secret		■	■
		21. Un mot dans un autre		■	■
		22. Les chaînes de mots		■	■
		23. Isoler un phonème (*exemple : le son* [ʃ])		■	■
		24. Découvrir les graphies d'un son (*exemple : « oi »* - [wa])		■	■
		25. Allô, j'écoute… (*exemple :* [ʃ]/[v])		■	■
		26. La fabrique de mots		■	■
		27. Trucs et astuces pour aider l'enfant à déchiffrer		■	■
		28. Créer des outils de référence		■	■
	par la voie directe	29. La chasse aux mots		■	■
		30. Analyse fine d'un mot		■	■
		31. Copie-cache		■	■
		32. Les cartes-éclairs		■	■
		33. L'emploi du temps et la date	■	■	■
		34. Le loto des petits mots		■	■
		35. Les textes à trous		■	■

2. Compréhension des textes	lus par l'enseignant	36. Développer l'écoute	■	■	■
		37. Créer un univers de référence autour du texte avant la lecture	■	■	■
		38. Faciliter la compréhension par une lecture à haute voix	■	■	■
		39. Faire reformuler et extraire les informations essentielles	■	■	■
		40. Retrouver les anaphores qui désignent le même personnage	■	■	■
		41. Sélectionner des dessins qui illustrent l'histoire	■	■	■
		42. Associer un conte lu à son résumé	■	■	■
		43. Mettre en scène une histoire lue	■	■	■
	à l'écrit	44. Associer des images et des légendes		■	■
		45. Remettre en ordre les images et les légendes d'une bande dessinée		■	■
		46. Associer les personnages et les bulles d'un dialogue		■	■
		47. Mots mélangés dans une phrase		■	■
		48. Trouver l'intrus (ou les intrus)		■	■
		49. Repérer des renseignements contradictoires		■	■
		50. Repérer des phrases qui rendent le texte incohérent		■	■
		51. Retrouver deux textes mélangés		■	■
		52. Lecture-puzzle		■	■
		53. Lecture à choix multiple		■	■
3. Production de textes	copie	54. Copie dirigée (écriture guidée)	■	■	
		55. Copie encadrée	■	■	
		56. Copie différée (modèle caché)		■	■
		57. Copie sélective		■	■
		58. Copie-transcription		■	■
	prod. personelle	59. Dictée à l'adulte	■	■	
		60. Écrire des phrases à l'aide d'étiquettes	■	■	
		61. Écrire une phrase en s'aidant d'un schéma		■	■
	écriture sous dictée	62. Dictée réfléchie		■	■
		63. Dictée à trous		■	■
		64. Élaborer à l'écrit une chaîne de mots		■	■
		65. Transformer des mots et des phrases		■	■
		66. Écrire des productions courtes		■	■
		67. Écrire un long récit à structure répétitive		■	■
4. Acculturation au monde de l'écrit		68. Acquisition du vocabulaire lié à l'écrit	■	■	■
		69. Enrichissement lexical autour de la découverte du monde	■	■	■
		70. Découverte de livres et d'albums	■	■	■

70 activités

1

Comme un robot

Objectifs:
- Bien articuler.
- Segmenter un mot en syllabes orales.
- Trouver le nombre de syllabes d'un mot.

Organisation: Travail collectif.

• Déroulement

1. Avec les prénoms

• L'enseignant se présente.

> *Exemple:*
> *« Je m'appelle Lucas. Écoutez bien, je vais répéter en coupant mon prénom en morceaux et en parlant comme un robot: Lu-cas. »*

• Les enfants disent chacun leur tour leur prénom en scandant les syllabes:

> *Exemples:*
> *Gas-ton / Hu-go / Ni-co-las / Mé-la-nie...*

• L'enseignant propose alors de frapper dans ses mains chaque fois qu'on coupe un morceau de mot (on pourra introduire le terme « syllabe » plus tard).

> *Exemple:*
> *Ma-rie: on frappe deux fois.*

• L'enseignant demande aux enfants de compter combien de fois ils ont frappé dans leurs mains.

• On procède au même déroulement avec d'autres prénoms.

2. Avec d'autres mots

• L'enseignant propose oralement des mots simples; les élèves répètent chaque mot en le coupant en syllabes et en frappant dans leurs mains en même temps. Ils annoncent combien il y a de morceaux pour chacun.

> *Exemple:*
> *lavabo → la-va-bo: on frappe trois fois, il y a trois morceaux.*
> *Les élèves peuvent faire de même avec: lapin, maison, pantalon, chapeau, domino, ballon, gâteau, vélo, télévision...*

• Les enfants proposent à leur tour des mots à scander.

• Variante

• Toujours en découpant oralement le mot et en articulant bien :
– chaque enfant frappe sur sa table avec une main ou avec un crayon ;
– il se met debout et frappe sur sa tête, ses cuisses…
– il tape du pied à chaque syllabe.
• L'enseignant chante alors une comptine :

> *Exemple :*
> *Au clair de la lune,*
> *Trois petits lapins*
> *Qui mangeaient des prunes*
> *Au fond du jardin.*

Il la répète deux ou trois fois avec les élèves pour la faire mémoriser, puis ils la redisent sans la chanter.

• Ils la répètent de nouveau lentement, en parlant comme un robot et en frappant chaque syllabe :

> *Au-clair-de-la-lu-ne*
> *Trois-pe-tits-la-pins*
> *Qui-man-geaient-des-pru-nes, etc.*

2

La course aux syllabes

Objectifs :
- Bien articuler.
- Segmenter un mot en syllabes orales.
- Trouver le nombre de syllabes d'un mot.
- Avancer d'autant de cases qu'il y a de syllabes dans un mot.

Organisation : Jeu par équipes sous le préau.

Matériel individuel :
- Une vingtaine d'images ou dessins illustrant des mots de : **1 syllabe** (*lait, nez, pain, main, cou, lit*), **2 syllabes** (*maison, bonbon, souris, balai, vélo, ballon, chapeau, cheval, bureau, bougie, couteau*), **3 syllabes** (*champignon, chocolat, pantalon, cheminée*), **4 syllabes** (*ordinateur, télévision, charcuterie*).

→ *Voir annexe, p. 166 : images à agrandir à 150 %.*
- Boîte pour déposer les images.
- Un palet (ou gros pion).

● Déroulement du jeu

• La boîte est située près des équipes. Les enfants sont répartis en quatre équipes de cinq ou six élèves. Si on a la chance de posséder un préau carrelé, on utilise les repères des carreaux, sinon on trace les cases au sol ou, à défaut, on se sert de cerceaux (une douzaine par équipe).

Chaque équipe se place derrière la ligne de départ.

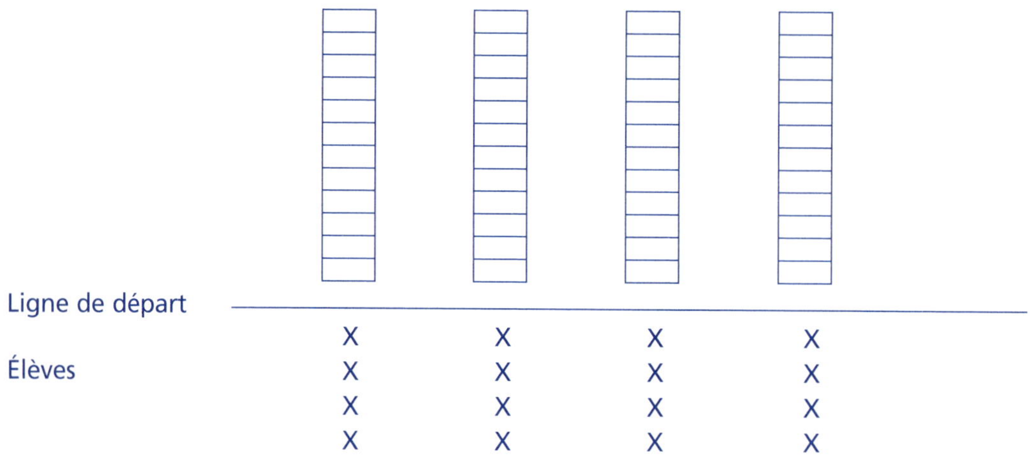

• À tour de rôle, un enfant de chaque équipe va piocher une image dans la boîte. Il annonce en parlant fort et en articulant bien le nom correspondant au dessin pioché.

• Il avance sur sa ligne d'autant de cases qu'il y a de syllabes dans le mot, en scandant le mot. Puis il pose son palet et les autres élèves (avec l'enseignant) contrôlent. En cas d'erreur, il n'avance pas.

> *Exemple :*
> *Pierre tire le dessin « champignon ». Il avance en disant : cham-pi-gnon (il avance donc de trois cases).*

• Les enfants jouent à tour de rôle (un joueur d'une équipe, puis un d'une autre équipe, etc.). Le joueur suivant de la même équipe repart de l'endroit où le palet est placé.

• L'équipe gagnante est celle qui arrive la première dans la dernière case.

● Conseil

Pour prolonger le jeu, il peut être exigé de devoir tomber juste sur la dernière case (en reculant puis en avançant).

Tri d'images

Objectifs :	– Trouver le nombre de syllabes d'un mot. – Classer des mots suivant le nombre de syllabes.
Organisation :	Travail individuel ou en binômes.
Matériel individuel :	– 1 jeu par élève, constitué d'une vingtaine d'images ou dessins illustrant des mots de : **1 syllabe** (*lait, nez, pain, main, cou, lit*), **2 syllabes** (*maison, bonbon, souris, balai, vélo, ballon, chapeau, cheval, bureau, bougie, couteau*), **3 syllabes** (*champignon, chocolat, pantalon, cheminée*), **4 syllabes** (*ordinateur, télévision, charcuterie*). → *Voir annexe, p. 166 : images à photocopier au format réel.* – Une feuille blanche de format A4.
Matériel collectif :	– Les mêmes images agrandies pour un affichage en classe (*utiliser celles de l'activité 2, p. 14*). – Éventuellement une grande feuille blanche de format A2.

● Déroulement

• L'enseignant distribue les images.

• Il laisse les enfants les observer un moment. Pendant ce temps, il fixe au tableau les mêmes images collectives.

• Il fait oraliser tous les noms correspondant aux images afin de s'assurer qu'ils sont connus de tous.

• Il distribue à chaque élève une feuille format A4 et la fait plier en deux puis encore en deux, pour obtenir quatre cases : les enfants numérotent les cases de 1 à 4.

• Il reproduit au tableau (ou sur une affiche, pour pouvoir y coller les images) les quatre cases obtenues par pliage :

1	2
3	4

• Il invite les élèves à classer (mettre ensemble) les images dont les noms comptent le même nombre de syllabes : une syllabe, deux syllabes, trois syllabes et quatre syllabes. Les élèves les collent sur leur feuille, dans la case correspondante.

• La correction est immédiate et collective : les élèves viennent à tour de rôle prendre une image, ils disent le nom à haute voix, en scandant les syllabes, puis placent l'image dans la case qui indique le nombre de syllabes.

Conseils

• L'enseignant peut, lors de la correction, demander à un élève de venir placer toutes les images dont les noms contiennent deux syllabes, puis à un autre les images dont les noms contiennent trois syllabes, etc.

• Pour que les cases soient plus visibles, l'enseignant peut faire repasser les plis de la feuille au feutre.

4

Jeu de l'escargot

Objectifs:
- Bien articuler.
- Segmenter un mot en syllabes orales.
- Trouver le nombre de syllabes d'un mot.
- Avancer d'autant de cases qu'il y a de syllabes dans le mot.

Organisation: Jeu par équipes ou collectif.

Matériel collectif:
- Dessin au tableau d'un escargot géant divisé en cases (une trentaine). Certaines cases seront marquées d'un gros point rouge: les cases «défi»; d'autres d'un point d'interrogation: les cases «questions» (voir ci-contre).
- Collection d'images ou de cartes illustrant des mots de 1, 2, 3 ou 4 syllabes (*on peut utiliser celles en annexe, p. 166*).
- Une boîte pour mettre les images en vrac.
- 1 gros dé.
- Une dizaine de petites feuilles portant des questions (*voir annexe, p. 159*).
- Des pions de couleurs différentes (1 pour chaque équipe), à fixer au tableau avec de la pâte adhésive.

• Déroulement

• L'enseignant organise les équipes (trois par exemple: une équipe = une rangée).

• Il énonce la règle du jeu et la fait reformuler:

«À tour de rôle, un enfant de chaque équipe tire au sort une image. Il annonce, en parlant fort et en articulant bien, le nom correspondant au dessin pioché. Il dit le nombre de syllabes, puis avance sur l'escargot d'autant de cases qu'il y a de syllabes, en scandant le mot.

– S'il tombe sur une case *question* marquée d'un point d'interrogation: il pioche une question, qui est lue par un autre élève ou par l'enseignant, et il est le seul à pouvoir y répondre.

– S'il tombe sur une case *défi* marquée d'un point rouge: il pioche une question et tous les élèves peuvent répondre; celui qui trouve la bonne réponse fait avancer son équipe d'une case.»

Les réponses sont contrôlées par l'enseignant ou les autres élèves. En cas d'erreur, l'équipe n'avance pas.

• Un élève lance le dé pour déterminer quelle équipe commence à jouer.

• L'équipe gagnante est celle qui arrive la première dans la tête de l'escargot.

Exemple :
Un élève pioche « chapeau ».
Il annonce deux syllabes et avance son pion de deux cases en prononçant : cha-peau.

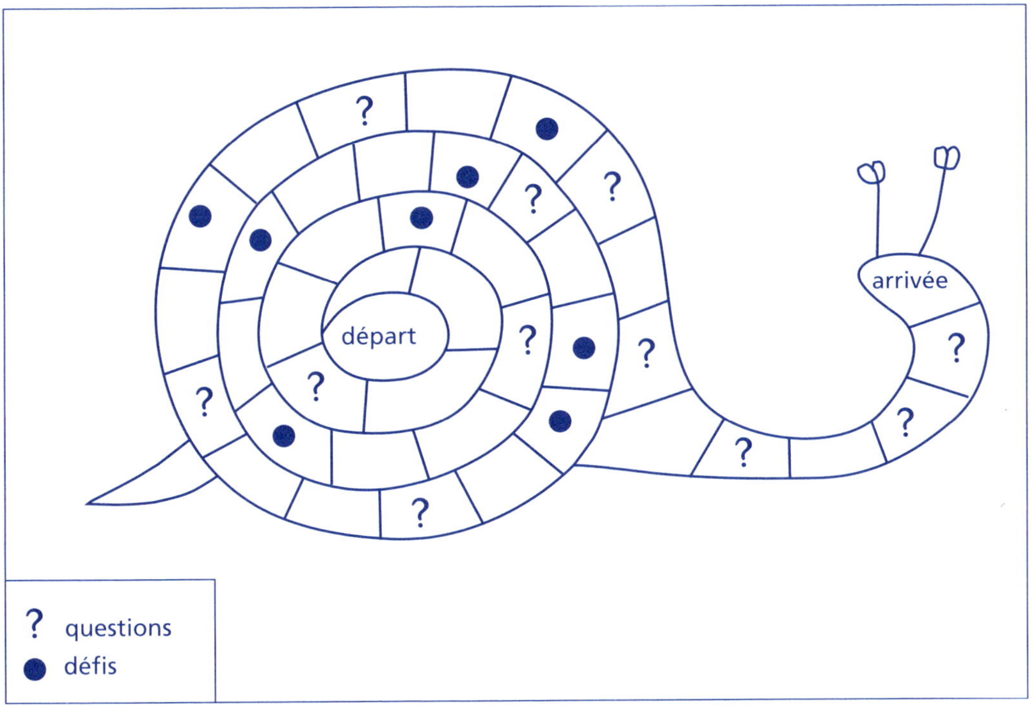

Exemple d'escargot à reproduire au tableau.

Découper des mots

Objectifs :	– Reconnaître l'écriture de mots connus. – Segmenter un mot en syllabes orales. – Matérialiser la notion de syllabe. – Associer syllabe orale et syllabe écrite.
Organisation :	Travail individuel et collectif.
Matériel individuel :	– 5 ou 6 étiquettes en écriture scripte (les mots sont choisis parmi les mots déjà connus utilisés en classe). – Mêmes étiquettes en écriture cursive.
Matériel collectif :	Mêmes jeux de grandes étiquettes pour un affichage tableau (10 cm × 30 cm).

• Déroulement

1. Identification des mots

• L'enseignant distribue les étiquettes individuelles (les étiquettes collectives sont affichées au tableau).

• Il demande aux élèves de lire les mots en silence.

• Puis il fait lire les étiquettes à haute voix : les enfants lèvent le doigt pour dire un mot qu'ils savent lire. Quand le mot est dit, tous recherchent l'étiquette et la placent devant eux. À chaque fois, ils disposent les deux étiquettes l'une au-dessous de l'autre (scripte/cursive).

• Un élève montre l'étiquette au tableau (le mot peut aussi être resitué dans les textes d'origine affichés en classe).

• Tous les mots sont identifiés et oralisés de la même façon.

• L'enseignant circule pour vérifier les réponses, et chaque élève veille à avoir la même disposition que celle du tableau.

Variante

Pour rendre l'activité plus ludique, l'enseignant peut varier la présentation des mots en annonçant une devinette ; les élèves doivent chercher la réponse dans leur stock d'étiquettes.

Exemples :
« On la fabrique souvent en bois » pour faire deviner le mot « cabane ».
« Il adore grignoter des carottes » pour faire deviner le mot « lapin ».
Etc.

2. Découpage des mots en syllabes

• L'enseignant dit un des mots (en articulant bien).

> *Par exemple :*
> *« couteau ».*

• Il demande à un ou deux élèves de répéter le mot.

• Puis la classe le répète en parlant comme un robot, en scandant le mot et en frappant dans ses mains à chaque syllabe.

> *Exemple :*
> *cou-teau.*

• L'enseignant fait compter le nombre de « morceaux de mots » et fait découper l'étiquette-mot selon ces morceaux.

• Puis un élève vient au tableau et montre à quel endroit il va couper l'étiquette géante et, avec l'accord des autres, il coupe.

• Les morceaux sont affichés séparément (l'enseignant dit que ces morceaux s'appellent des syllabes). Chaque élève dispose de la même manière ses syllabes sur sa table.

• Le même travail est effectué pour tous les mots.

3. Reconstitution des mots

• L'enseignant fait relire toutes les syllabes par un ou plusieurs élèves au tableau puis il les mélange.

• L'enseignant (ou un élève) propose un des mots déjà lu dans l'étape 1.

• Tous le reconstituent avec leurs étiquettes-mots, individuellement sur leur table.

• La correction est effectuée immédiatement au tableau par un élève.

• Ce travail peut être réalisé pour chacun des mots.

• Conseils

• Veiller à ce que tous les enfants voient l'étiquette du mot et leur camarade qui la coupe ; l'enseignant la tient en hauteur pour faciliter le découpage ou l'affiche au tableau assez haut.

• Pour donner du sens au mot syllabe et faire la différence avec des mots monosyllabiques, parler de « morceaux de mots qui ne veulent rien dire ».

• Les mots utilisés sont bien évidemment ceux étudiés en classe.

Les bâtonnets et les pions

Objectifs :	– Segmenter un mot en syllabes orales. – Écouter les phonèmes qui forment une syllabe. – Symboliser syllabes et phonèmes.
Organisation :	Travail individuel et collectif.
Matériel individuel :	– 5 petits bâtonnets en plastique (du type bûchettes). – 10 pions bicolores (par exemple : une face rouge, une face jaune).

• Déroulement

1. Isoler les phonèmes

• Chaque enfant dispose ses bâtonnets et ses pions sur sa table.

• L'enseignant annonce à haute voix un mot, par exemple : *chapeau*.

• Collectivement, le mot est coupé en syllabes (morceaux) et frappé dans les mains.

• Les élèves posent sur leur table autant de bâtonnets que de syllabes dans le mot.

▭	▭
[ʃa]	[po]

• Tous ensemble, ils répètent le mot en même temps qu'ils montrent chaque bâtonnet : *cha-peau.*

• Puis l'enseignant répète lentement « *cha* » ; il demande aux enfants de bien écouter pour savoir ce qu'on entend au début du mot, quand il dit « *cha* ». Le son [ʃ] et le son [a] sont isolés.

• Les élèves posent sous le premier bâtonnet un pion pour symboliser chaque phonème (tous les pions seront posés face de la même couleur – rouge par exemple).

• On procède de la même façon pour la deuxième syllabe : « *peau* ». Les phonèmes [p] et [o] sont isolés. Puis les élèves posent les deux pions correspondants sous le deuxième bâtonnet.

Chaque élève a donc sur sa table :

(syllabes)	▭		▭	
(phonèmes)	❍	❍	❍	❍
	[ʃ]	[a]	[p]	[o]

• Pour corriger, l'enseignant trace au tableau le schéma, ou appelle un élève au tableau pour le faire. Le mot est ainsi schématisé :

2. Localiser les phonèmes

• L'enseignant demande alors de retourner le pion du [ʃ] (par exemple, côté face jaune, de façon à bien situer la place de chaque phonème). On procède de même pour les sons [a] [p] [o], dans l'ordre puis dans le désordre. À chaque fois, l'enseignant fait préciser la position du son (« premier, début, deuxième, au milieu, à la fin, dernier son… »).

• Conseils

• Cet exercice peut être fait lorsque les élèves ont déjà une bonne conscience du découpage syllabique.

• Utiliser les mots « d'abord », « en premier » pour s'assurer que le mot « début » est bien compris.

• Faire poser le doigt à gauche du premier bâtonnet pour repérer le début du mot.

• L'enseignant peut faire tracer une grande flèche sur l'ardoise dans le sens de la lecture pour aider au repérage et poser les bâtonnets et les pions dessus.

• Pour aider à la perception des phonèmes, on peut leur associer des gestes (*cf.* méthode phonétique et gestuelle de Mme Borel-Maisonny).

• Travailler avec des mots connus de deux ou trois syllabes, en évitant les mots avec un [ə] muet à la fin (exemples : *maman, lapin, domino, chocolat*).

7

Les touches de piano

Objectifs :	– Segmenter un mot en syllabes orales. – Isoler les phonèmes. – Analyser la relation phonème/graphème. – Travailler la combinatoire.
Organisation :	Travail collectif.
Matériel collectif :	4 ardoises.

• Déroulement

• L'enseignant choisit un mot (*exemple : « lapin »*), il fait scander le mot en deux syllabes, puis il fait chercher oralement le premier phonème. Il écrit le graphème correspondant sur une ardoise, en script au recto et en cursive au verso. Il effectue la même démarche pour les trois autres phonèmes.

Il obtient ainsi ces quatre ardoises :

l	a	p	in

• L'enseignant confie chaque ardoise à un enfant. Chacun tient son ardoise devant lui en la montrant bien au reste de la classe. Les quatre enfants sont alignés pour reconstituer le mot.

• L'enseignant se place derrière eux face au groupe classe. Il « joue du piano » en posant sa main sur la tête de chacun des enfants. À chaque fois qu'il pose sa main, le reste de la classe prononce le son correspondant au graphème écrit sur l'ardoise de l'enfant.

• Chacun des graphèmes est lu dans l'ordre et dans le désordre.

Attention, dans cette activité, il s'agit de faire le « bruit des lettres » (dire le phonème) et non pas de dire leur nom.

• Puis les enfants portant les ardoises [l] et [a] se donnent la main : les autres sont invités à prononcer la syllabe correspondante (« *la* »). Les enfants portant les ardoises [p] et [in] se donnent à leur tour la main pour former la syllabe « *pin* ».

• Conseils et variantes

• L'enseignant peut demander aux enfants de se déplacer pour former d'autres mots ou non-mots.

> *Exemple:*
> *L'enfant* [p] *permute avec l'enfant* [l]. *On essaie de lire ce nouveau mot: «palin». Les élèves s'interrogent: est-ce que cela veut dire quelque chose?*

• L'enseignant peut permuter avec d'autres graphèmes (préparés sur d'autres ardoises et confiés à d'autres enfants) et former d'autres mots.

> *Exemple:*
> *la-pin; sa-pin.*

• Changer les rôles des enfants assez souvent.

Tri de cartes

Objectifs :
- Écouter et analyser le mot oral pour percevoir des similitudes.
- Repérer les syllabes orales.
- Repérer la syllabe d'attaque ou de rime commune à plusieurs mots.
- Classer les mots selon les « familles » de syllabes.

Organisation : Travail collectif et en petits groupes (ou en binômes).

Matériel : (par binôme ou pour chaque groupe) 1 jeu de 20 ou 25 cartes illustrées (3 cm × 3 cm) représentant les mots sélectionnés.
→ *On peut utiliser les dessins et les listes de mots dans les annexes, pp. 167-169 et 150-153 ; les agrandir pour un affichage collectif.*

Déroulement

• Dans un premier temps, l'enseignant élabore une liste d'une vingtaine de mots et prépare les cartes.

Exemples de listes :

Syllabes d'attaque	***Syllabes de rime***
cou : couteau, coussin, couronne, couverture, coude	*teau : bateau, râteau, manteau, poteau*
bi : bidon, biche, biberon, bisou	*peau : chapeau, troupeau, drapeau, château*
pa : page, parasol, papillon, parapluie, panier	*deau : rideau, radeau, cadeau, renardeau*
poi : poire, poireau, poisson, poignet	*reau : taureau, poireau, carreau, bureau*
sa : sapin, salade, sabot, sable	

• Dans un second temps, les élèves observent collectivement les cartes, oralisent le nom en articulant bien et en insistant sur la syllabe d'attaque. L'enseignant s'assure que tous les mots sont bien identifiés.

• Toutes les cartes sont mélangées et un jeu de 20 à 25 cartes est distribué à chaque groupe.

• L'enseignant demande de « mettre ensemble les dessins dont les noms commencent de la même façon » ou bien dans lesquels « on entend la même chose au début ». Les enfants doivent justifier leur choix à chaque fois.

• Pour la correction collective, des élèves déplacent les cartes et les regroupent en les collant au tableau (avec de la pâte adhésive) et d'autres peuvent venir entourer les familles de cartes à la craie, en utilisant une couleur différente pour chaque famille (chaque syllabe d'attaque).

• Le travail est le même avec les syllabes de rime.

• Remarque

Les mots sélectionnés ici et en annexe ont été volontairement choisis pour que les rimes s'écrivent de la même façon (en excluant les rimes orales uniquement), afin de pouvoir les utiliser à l'écrit sans problème et d'enrichir le vocabulaire et l'orthographe des enfants.

9

Les paires

Objectifs:
- Écouter et analyser le mot oral pour percevoir des similitudes.
- Repérer les syllabes orales.
- Repérer la syllabe d'attaque commune à plusieurs mots.
- Mémoriser une liste de mots.

Organisation: Travail collectif ou en petits groupes.

Matériel collectif:
- 20 ou 25 cartes illustrées représentant les mots sélectionnés (*on peut utiliser les dessins et les listes de mots dans les annexes, pp. 167-169 et 150-153*).
- Une boîte pour ranger les cartes.

Déroulement

• Dans un premier temps, l'enseignant élabore une liste d'une vingtaine de mots et prépare les cartes qu'il range dans une boîte.

Exemple de liste:

Syllabes d'attaque
<u>cou</u>: couteau, coussin, couronne, couverture, coude
<u>bi</u>: bidon, biche, biberon, bisou
<u>pa</u>: page, parasol, papillon, parapluie, panier
<u>poi</u>: poire, poireau, poisson, poignet
<u>sa</u>: sapin, salade, sabot, sable

• Dans un second temps, l'enseignant explique le but du jeu: il s'agit de trouver et de répéter deux mots qui commencent par la même syllabe, et de constituer le plus possible de paires. Il nomme l'élève meneur de jeu.

• Le meneur vient tirer au sort une première carte dans la boîte. Il annonce à haute voix le nom (*ex.: salade*). Il met la carte de côté, face illustrée, puis pioche une deuxième carte. Il annonce le mot, les autres élèves sont attentifs, car ils doivent repérer les mots qui commencent par la même syllabe d'attaque.

• Dès qu'un élève a repéré deux mots, il lève le doigt et énonce les deux mots à haute voix (*ex.: salade, sapin*). Le meneur de jeu contrôle avec les cartes déjà tirées. L'élève qui réussit gagne la paire de cartes.

• Le jeu reprend. Les cartes sont toutes tirées jusqu'à épuisement du stock.

Remarque

Ce jeu permet aussi d'entraîner la mémoire puisque l'élève doit repérer et répéter les mots (de la même famille) tirés au sort.

Les familles en couleur

Objectifs:	– Écouter et analyser le mot pour repérer les syllabes orales. – Repérer la syllabe d'attaque ou de rime commune à plusieurs mots. – Effectuer un classement.
Organisation:	Travail individuel ou en binômes.
Matériel individuel: (ou pour deux)	– Une vingtaine de mots illustrés reproduits sur feuille individuelle (format A4), choisis par l'enseignant pour leur syllabe d'attaque ou de rime. → *Voir dessins en annexe, pp. 165-169.* – 4 crayons de couleurs différentes (1 par famille de dessins).

• Déroulement

• L'enseignant établit sa liste de mots puis prépare la feuille de dessins qu'il distribuera à chaque élève (ou chaque binôme).

Exemples de listes:

Syllabes d'attaque	***Syllabes de rime***
cou: couteau, coussin, couronne, couverture, coude *bi: bidon, biche, biberon, bisou* *pa: page, parasol, papillon, parapluie, panier* *poi: poire, poireau, poisson, poignet* *sa: sapin, salade, sabot, sable*	*don: bidon, cordon, dindon, chardon* *ron: biberon, potiron, bûcheron, marron* *chon: bouchon, capuchon, cochon, torchon* *bon: bonbon, charbon, jambon*

1. Phase orale

• L'enseignant invite les élèves à observer en silence les dessins puis leur demande de lever le doigt pour désigner ceux qu'ils reconnaissent. Tous les noms sont oralisés.

• L'enseignant propose d'entourer en rouge le « couteau », puis il demande d'entourer aussi en rouge les dessins dont les noms commencent comme « couteau ».

• Il fait changer de couleur et fait procéder de la même façon pour les autres dessins.

• La correction se fait immédiatement en insistant bien sur la syllabe d'attaque commune.

• Le travail est le même avec les syllabes de rime communes.

2. Phase écrite

• Dans un second temps, les mots sont écrits au tableau (en colonne de préférence, pour faciliter le rapprochement et l'observation des rimes ou des syllabes d'attaque) et la terminaison est entourée selon le même code couleur que celui utilisé dans la phase orale.

La course aux mots

Objectifs:
- Écouter et analyser le mot pour repérer les syllabes orales.
- Repérer la syllabe d'attaque (ou de rime) commune à plusieurs mots.
- Faire travailler la mémoire.

Organisation: Travail collectif.

Déroulement

• L'enseignant donne le mot de départ.

• Les élèves doivent répéter le mot et en ajouter un qui commence (ou qui se termine) par la même syllabe. À chaque fois qu'un élève propose un mot, il doit répéter la liste depuis le début; s'il fait une erreur, on change tout de suite d'élève.

• L'élève qui gagne est celui qui réussit à dire sans erreur et dans l'ordre tous les mots trouvés.

Exemples:

• Travail sur la syllabe d'attaque:
L'enseignant propose «salade». Le premier élève répète «salade» puis annonce «savon». L'élève suivant complète la liste en répétant le début: «salade, savon, sapin», etc.

• Travail sur la syllabe de rime:
L'enseignant propose «mouton» (rime en «ton»). Le premier élève répète «mouton» puis annonce «chaton». Le deuxième répète la liste et la complète: «mouton, chaton, coton», etc.
N.B.: On peut travailler sur la syllabe qui rime («ton») ou sur le phonème («on»).

Conseils

• L'enseignant peut limiter à trois ou quatre mots la liste à répéter.

• Il prolongera par une copie des mots dès que possible.

La collecte de mots

Objectifs: – Sélectionner des mots qui commencent (ou se terminent) par la même syllabe orale.
– Établir la correspondance oral-écrit.
– Identifier la syllabe écrite.

Organisation: Travail collectif.

Déroulement

• Les élèves sont invités à chercher des mots qui commencent (ou se terminent) par une syllabe écrite ou affichée au tableau.

• Les enfants lèvent le doigt pour faire leurs propositions.

• Au fur et à mesure, l'enseignant écrit au tableau les mots en colonne.

Exemple:
« Cherchez des mots qui commencent par "sa" ». Même chose avec « ba », « ra », « ta », etc.

(sa)	*sapin* *salade* *savon*	*(ba)*	*ballon* *bateau* *baguette*
(ta)	*tasse* *tableau* *tapis*	*(ra)*	*râteau* *radis* *radio*

• Lorsque les listes sont écrites (en moyenne trois mots par syllabe), l'enseignant demande aux élèves d'observer le début (ou la fin) des mots et de les relire en insistant sur le « morceau » qui est commun à tous: « *saaaa; baaaa; taaaa; raaaa* ».

• Puis un élève vient au tableau pour entourer « ce qui est pareil » dans chaque mot: la première syllabe (ou la dernière). Pour chaque liste, un élève est sollicité.

• Les mots sont relus par plusieurs élèves.

Conseils

• Ne pas hésiter à répéter plusieurs fois ce type d'activité en variant les mots (*voir listes de mots en annexe, pp. 150-153*).

• Dans un second temps, il est intéressant de reproduire pour chaque élève la liste élaborée collectivement, de la faire relire et de demander à chacun d'entourer sur sa feuille « ce qui est pareil ».

Le chef de famille

Objectifs:
- Écouter et analyser un mot oral.
- Sélectionner des mots qui se terminent par la même syllabe orale.
- Établir la correspondance oral-écrit.
- Identifier la syllabe écrite.

Organisation: Travail collectif.

Matériel collectif:
- 4 ou 5 familles de 4 ou 5 cartes illustrées (dont les mots riment).
→ *Voir images en annexe, pp. 167-169.*
- Une étiquette portant la syllabe commune de chaque famille.

Déroulement

• L'enseignant établit ses familles puis prépare les cartes pour l'ensemble de la classe.

Exemples:

Famille « lon »: pantalon, melon, ballon, talon.
Famille « don »: dindon, bidon, chardon, cordon.
Famille « ron »: biberon, marron, bûcheron, potiron.
Famille « chon »: bouchon, capuchon, cochon, torchon.

1. Phase orale

• Avant de commencer le jeu, toutes les cartes sont mélangées puis montrées une par une à la classe, afin de s'assurer que tous les dessins sont identifiés et que les élèves savent associer le nom.

• Les cartes sont alors distribuées; chaque élève reçoit une carte.

• L'enseignant désigne un premier élève qui vient au tableau, il montre sa carte en annonçant le mot à haute voix. Il est nommé « chef de famille ».

• Chacun des autres enfants cherche, en observant sa carte, s'il possède un mot qui rime avec la carte proposée.

• Les élèves qui en possèdent une viennent se placer au tableau, à tour de rôle. Le « chef de famille » accepte ou non le nouveau membre en expliquant pourquoi.

Exemple:

Le chef de famille possède la carte « pantalon ». Seuls les élèves qui possèdent les cartes « melon », « ballon », « talon » pourront être admis dans ***la famille des mots qui se terminent par « lon »*** *(faire verbaliser cette définition).*

2. Phase écrite

• Au tableau, l'enseignant affiche les familles de cartes (les unes sous les autres en colonne). À côté de chaque carte, l'enseignant écrit le nom correspondant.

• Il fait lire à haute voix les quatre ou cinq mots de la même famille.

• Il demande aux élèves d'observer la fin des mots et de venir entourer « ce qui est pareil ».

• Le même travail est fait pour toutes les familles, avec une couleur différente pour chacune.

• À la fin, la syllabe commune est affichée en haut de chaque famille.

Ainsi, on obtient au tableau la disposition suivante :

	lon		don		ron		chon
	pantalon		dindon		biberon	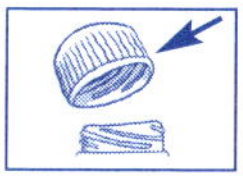	bouchon
	melon		bidon		marron	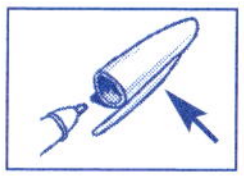	capuchon
	ballon		chardon		bûcheron		cochon
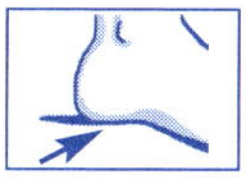	talon	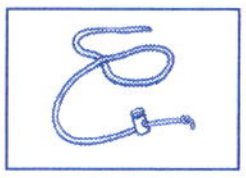	cordon		potiron		torchon

• Les syllabes observées sont écrites dans un tableau prévu à cet effet, qui est complété au fur et à mesure des activités liées aux syllabes (*voir le tableau des syllabes, pp. 150-153 et les activités 16 et 17, pp. 38-41*).

• Conseils

• Il est conseillé d'écrire les mots de deux écritures différentes (scripte et cursive).

• Dans un second temps, faire remarquer et entourer la graphie du son [ɔ̃].

• Variante

Cette activité peut porter sur des syllabes d'attaque communes.

14

Recomposer des mots connus

Objectifs :
- Identifier et mémoriser un corpus de syllabes écrites.
- Intégrer la notion de mot porteur de sens (par opposition aux morceaux de mots qui n'ont pas de sens).
- Recomposer un mot en mettant les syllabes dans l'ordre.
- Mémoriser la liste de mots recomposés.

Organisation : Travail individuel et correction collective.

Matériel individuel : Petit stock de syllabes reproduites sur des étiquettes en bristol (environ 2 cm × 2 cm) correspondant à 3 ou 4 mots déjà rencontrés, soit une douzaine de syllabes (une même syllabe pouvant être utilisée pour plusieurs mots).

Matériel collectif : Même stock d'étiquettes, mais de format plus grand (5 cm × 5 cm).

Déroulement

- L'enseignant distribue les étiquettes-syllabes individuelles.
- Il demande aux élèves de disposer leurs étiquettes de manière à lire la syllabe écrite.
- Il laisse les enfants lire silencieusement les étiquettes-syllabes.
- Puis il propose un mot (*par exemple « salade »*), que les enfants doivent chercher et recomposer avec leurs étiquettes.

Exemple :
Étiquettes pouvant servir à recomposer « salade, maman, pantalon, cabane, malade, balade, salon, talon » :

ca **man** **ba** **la**

ma **pan** **ta** **ne** **de**

sa **lon**

- Après la recherche individuelle, un élève vient afficher sa proposition au tableau, le reste de la classe valide ou non.

Variantes

• L'enseignant peut demander aux enfants de retrouver eux-mêmes les mots. Ils lèvent alors le doigt pour faire leurs propositions et, quand un mot est reconnu, tous le recomposent sur leur table.

• Il peut aussi proposer des devinettes simples dont la réponse est un des mots à recomposer.

> *Exemple :*
> *Il protège les jambes du froid. (C'est le pantalon.)*

• Il peut demander aux élèves d'écrire sur l'ardoise le mot reconstitué.

Conseils

• Pour faciliter le rangement et permettre une réutilisation aisée, il est conseillé de faire stocker les étiquettes dans une petite boîte, étiquetée au nom de l'enfant, que l'on ramassera après chaque utilisation.

• Afin que deux voisins ne mélangent pas leurs étiquettes, faire placer leur règle au milieu de la table pour établir une séparation.

• Ce travail peut également se réaliser à l'aide d'un chevalet : dans ce cas, plastifier et aimanter les étiquettes (*voir photo ci-dessous*).

• Aider les enfants à s'organiser sur leur table en demandant, par exemple, de disposer le stock de syllabes en haut et le mot recomposé en bas.

• Ne pas hésiter à aider les enfants en début de séance (surtout en début d'année scolaire) pour l'organisation matérielle, le travail n'en sera que plus aisé et efficace.

• Passer régulièrement dans les rangs pour vérifier et aider les élèves.

• L'enseignant peut également écrire en script sur une face de l'étiquette et en cursive sur l'autre.

15

Les mots bizarres

Objectifs:
- Analyser et lire des pseudo-mots.
- S'entraîner au déchiffrage.
- Travailler la compréhension et l'anticipation.

Organisation: Travail individuel et collectif.

Matériel: Le texte ci-dessous reproduit individuellement et au tableau.

Drôle de maladie

Léo est allé faire des courses pour sa maman.

– Alors, mon chéri, qu'as-tu rapporté ? demande-t-elle.

– Trois tranches de migoupluck, un pantacroc bien cuit, un pot de carcamaille à la fragoston, un paquet de glamouilles, deux kilos de moucraches, un litron de tricatel et un sac de gustons... Voilà, je n'ai rien dimenticaté... Tu sais, j'ai trouvé l'épicière un peu baloustère, elle ne piftrachait rien !

– Mais... Léo... Tu... Tu parles en charabia ! Mon Dieu, vite ! Allô ! Docteur, venez vite, mon fils est très malade !

Déroulement

- Les élèves lisent silencieusement le texte.
- L'enseignant les laisse réagir et repérer les anomalies du texte.
- Il les invite à rechercher et à souligner les « mots bizarres ».
- Les élèves lisent à haute voix ces pseudo-mots ; au fur et à mesure un enfant vient les souligner au tableau.
- L'enseignant peut les récrire pour faciliter leur analyse.
- Il les fait lire à haute voix par plusieurs élèves qui analysent et découpent les syllabes.
- La classe émet des hypothèses sur le ou les sens possibles des mots bizarres.

Conseils

- Cette activité se situe au niveau de la quatrième et de la cinquième période du CP.
- Elle peut être menée parallèlement à des activités d'entraînement à la répétition de pseudo-mots (par exemple, *Enseigner la lecture au cycle 2,* coll. « Repères pédagogiques », Nathan, Paris, 2000, p. 95).

• L'enseignant peut faire lire des pseudo-mots hors contexte en même temps que des mots porteurs de sens. Il précise que les mots inventés ne veulent rien dire par opposition à de vrais mots.

• Il fait remarquer qu'un pseudo-mot écrit dans un texte prend alors du sens grâce au contexte.

• Voici quelques références de textes offrant des pseudo-mots :

– « Un monde de fou », *Mon premier album de lecture,* F. Fontaine et S. Devaux, éditions SED.

– *La Charabiole*, F. Joly, *J'aime lire* n° 160, Bayard Presse Jeunes.

– *Dame Coca*, A.-M. Chapouton, Magnard, 1990.

16

Les gammes

Objectifs:
- Maîtriser le principe de la combinatoire.
- Mémoriser des syllabes.
- Écrire d'autres syllabes en s'appuyant sur des mots connus.
- Accroître l'habileté et la fluidité du déchiffrage.
- Identifier des mots monosyllabiques.

Organisation: Travail individuel et collectif.

Matériel individuel: 1 ardoise.

Matériel collectif:
- Tableau quadrillé évolutif (vierge au début) pour classer les syllabes (*voir le tableau des syllabes, p. 158*), à afficher en classe.
- Éventuellement, étiquettes-syllabes à coller au fur et à mesure dans le tableau.

Déroulement

• Dès le début d'année, l'enseignant doit s'appuyer sur les acquis de la maternelle et les prénoms de la classe pour isoler rapidement des syllabes fréquentes (à l'oral puis à l'écrit).

> *Exemples:*
>
> *«**la**»: c'est le début de **La**tifa, **la**cet…*
> *«**ma**»: c'est le début de **ma**man, **ma**rdi, **Ma**non, **Ma**rie…*
> *«**pa**»: c'est le début de **pa**pa, **Pa**tricia…*

• L'enseignant fait observer et relire plusieurs fois la gamme établie: «*la, ma, pa…*»

• Puis, sous forme de défi, il demande, parmi les enfants, qui serait capable d'écrire, par exemple, le petit morceau de mot «*sa*» (il rappelle que c'est le début de samedi), «*ra*»… D'autres syllabes peuvent être choisies en fonction des acquis de la classe: il s'agit d'écrire d'autres syllabes en s'appuyant sur des mots rencontrés, et d'élaborer ainsi des gammes de plus en plus longues.

La recherche est individuelle, chacun l'écrit sur son ardoise.

• Puis un élève vient écrire la syllabe au tableau.

• L'enseignant complète alors le tableau collectif de syllabes, en y collant les étiquettes (préparées à l'avance) ou en écrivant les syllabes dans la case réservée (l'enseignant aura prévu un classement alphabétique, même si le tableau est rempli au fur et à mesure, pour en faciliter la lecture ensuite).

Exemple :
Voici le tableau que l'enseignant peut obtenir, arrivé à cette étape de la recherche.

						la	ma		pa	ra	sa			

Conseils

• Cette activité peut être un préalable à l'activité 17, qui donne des pistes pour utiliser le tableau des syllabes.

• Il n'est pas nécessaire d'attendre que toutes les lettres soient étudiées et mémorisées pour commencer ce travail. Au contraire, il vaut mieux commencer le plus tôt possible. En effet, les syllabes sont observées et classées dans le tableau qui restera à la vue et à la disposition des élèves ; il s'agit d'un outil évolutif qui s'enrichira tout au long de l'année.

D'ailleurs, très vite, les enfants seront capables de trouver les syllabes qui manquent dans la ligne du « *a* » ou la colonne du « *r* », par exemple.

• Le tableau de syllabes est relu fréquemment de manières différentes : horizontalement, verticalement, une ligne par élève, en organisant des défis…

• Repérer par une couleur les syllabes qui posent des problèmes de lecture ou les pièges à éviter, par exemple : *ce* = « *se* » ; *ci* = « *si* ».

• Lorsqu'une syllabe notée dans le tableau est aussi un mot monosyllabique, ne pas manquer de le faire remarquer aux enfants. Il s'agit de bien faire la différence entre la syllabe (morceau de mot) et le mot porteur de sens (accompagné par un déterminant).

Exemples :
*« pain » : c'est du pain, mais aussi « pain » est un morceau du mot « co**pain** ». De même pour (le) bain, (le) gain…*

17

Utiliser le tableau de syllabes

Objectifs:	– Maîtriser le principe de la combinatoire. – Mémoriser des syllabes. – Accroître l'habileté et la fluidité du déchiffrage.
Organisation:	Travail individuel et collectif.
Matériel individuel:	Tableau de syllabes (format A3 conseillé), éventuellement conservé dans un sous-main en plastique, rempli par l'enseignant (*voir annexe, p. 158*).
Matériel collectif:	Le tableau de syllabes affiché, complété progressivement par des étiquettes-syllabes.

• Mise en œuvre

Dès le début d'année scolaire, l'enseignant prévoira un quadrillage collectif vierge préparé au tableau. Progressivement au cours de l'année, le tableau est complété par des étiquettes portant les syllabes rencontrées (*pour l'élaboration du tableau, voir aussi activité 16, p. 38*):

– syllabes tirées de mots connus que l'on aura découpées;

– syllabes que l'on aura su écrire;

– déterminants rencontrés: *le, la, sa, ma, ta...*

– etc.

Certaines syllabes très rarement ou jamais utilisées seront signalées aux enfants, voire supprimées du tableau.

• Suggestions d'activités

1. Les élèves lisent à haute voix (à tour de rôle) des lignes de syllabes.
2. Les élèves lisent à haute voix (à tour de rôle) des colonnes de syllabes.
3. L'enseignant retire une syllabe du tableau et l'affiche en évidence. (Ou bien il la pointe.) Les élèves cherchent des mots qui commencent par cette syllabe ou qui finissent par cette syllabe.
4. Un enfant lit une syllabe, un camarade doit venir la montrer.
5. L'enseignant lit une syllabe et chaque enfant doit rapidement la retrouver sur son tableau individuel et l'entourer au feutre (le tableau de syllabes est mis sous pochette plastique). Les élèves effacent à chaque fois.

6. L'enseignant organise des défis, par exemple: « Qui peut lire la ligne du *a* sans erreur? ou la colonne du *m* ? »
L'enseignant désigne un élève; les autres sont attentifs et signalent les erreurs.

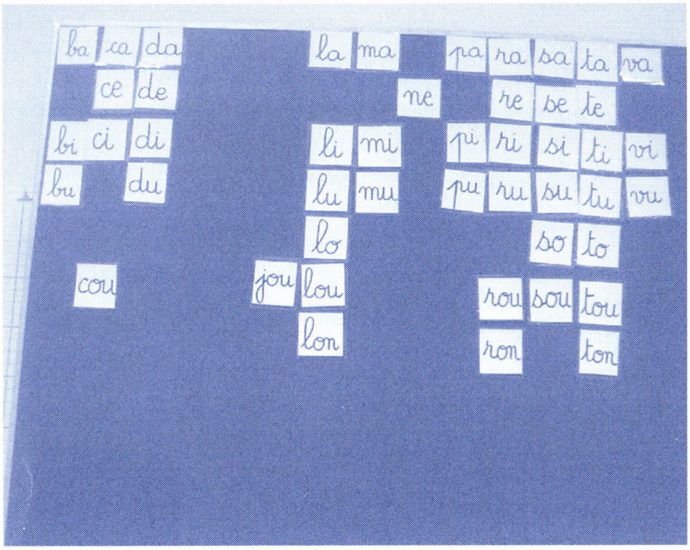

Exemple de tableau des syllabes, complété au fur et à mesure collectivement.

Les mots à trou

Objectifs:
- Maîtriser le principe de la combinatoire.
- Mémoriser des syllabes et les écrire.
- Accroître l'habileté et la fluidité du déchiffrage.
- Trouver la syllabe qui manque dans un mot connu.

Organisation: Travail individuel puis collectif.

Matériel individuel: 1 ardoise.

Matériel collectif:
- Tableau de syllabes en cours d'élaboration (*voir activité 16, p. 38 et annexe, pp. 150-153*).
- Étiquettes-syllabes.

Déroulement

• L'enseignant écrit très lisiblement au tableau quatre ou cinq mots « à trou ».

Exemples:
......lade *mar.......* *can......ne* *é......le*
(pour salade, mardi, cantine, école).

• Les élèves observent puis essaient de lire chacun des mots silencieusement.

• Puis ils font une proposition orale pour le morceau qui manque. La réponse est validée par le groupe.

• Les élèves écrivent la syllabe manquante sur l'ardoise et l'enseignant circule dans les rangs en les aidant si nécessaire.

• Un élève va compléter le mot au tableau avec l'étiquette-syllabe qui convient (ou en écrivant la syllabe).

• Les élèves récrivent le mot entier sur leur ardoise.

Conseils

• Du fait que les mots ne sont pas complets, certains élèves sont gênés d'en voir plusieurs en même temps. Afin qu'ils fixent mieux leur attention sur un mot à la fois, l'enseignant peut masquer les autres mots avec une feuille de papier et les découvrir au fur et à mesure.

• Parfois, certains mots acceptent plusieurs syllabes manquantes. Si les enfants ne le découvrent pas seuls, il est intéressant de le faire remarquer.

Exemples:
......lade peut accepter sa, ma ou ba (salade, malade, balade).
mar..... peut accepter di, che, teau (mardi, marche, marteau).

• En début d'année scolaire, il est conseillé d'utiliser des mots connus.

• La place de la syllabe manquante peut varier.

• Pour un travail en autonomie, l'enseignant peut distribuer une feuille à chaque élève et prévoir, sous chacun des mots, l'illustration qui aidera l'enfant à retrouver le mot.

• L'enseignant peut aussi, pour aider les enfants, écrire dans un petit coin de la feuille ou du tableau le « stock » de syllabes dont ils auront besoin. Il peut alors demander aux élèves de barrer les syllabes au fur et à mesure qu'elles sont utilisées, pour les aider à organiser leurs recherches. Il signale si toutes les syllabes sont utiles ou si elles peuvent être utilisées deux fois.

Exemple de feuille à distribuer pour un travail en autonomie.

Méli-mélo

Objectifs :	– Maîtriser le principe de la combinatoire. – Mémoriser des syllabes. – Accroître l'habileté et la fluidité du déchiffrage. – Former des mots avec des syllabes en désordre.
Organisation :	Travail en binômes pour favoriser une recherche active.
Matériel par binôme :	1 jeu d'étiquettes-syllabes (en script et/ou en cursive).
Matériel individuel :	1 ardoise ou 1 cahier d'essais.

Déroulement

• Les étiquettes sont à la disposition des élèves. En binômes, ces derniers manipulent les étiquettes et font des recherches pour former des mots.

• Au fur et à mesure des mots trouvés, les élèves font leur proposition oralement ; les autres élèves valident, avec l'aide de l'enseignant.

• Les mots sont ensuite écrits sur le cahier (ou l'ardoise) et au tableau, soit au fur et à mesure des découvertes, soit après le temps de recherche en binômes, à la fin de l'activité.

• À tour de rôle, les élèves lisent à haute voix les mots qu'ils ont trouvés.

Conseils

• Organiser des défis pour trouver le plus possible de mots (temps chronométré, le premier qui a trouvé un certain nombre de mots, etc.).

• Inclure cette activité dans un travail en ateliers (par exemple, six élèves répartis en trois binômes).

Dans ce cas, il est pratique de coller un aimant derrière les étiquettes, pour les présenter sur une plaque métallique style chevalet. La manipulation est plus aisée et toutes les syllabes sont bien lisibles sur le chevalet. La correction se fait au sein du groupe de six élèves.

Exemple de réalisation en binômes avec un chevalet.

Le mot secret

Objectifs: – Maîtriser le principe de la combinatoire.
– Lire un mot seul, hors contexte et sans déterminant.
– Illustrer le mot secret d'un dessin simple.

Organisation: Travail collectif.

Matériel individuel: 1 cahier d'essais.

Déroulement

Cette activité peut être pratiquée en activité décrochée, en dehors de tout contexte; elle plaît beaucoup aux enfants. Elle permet de situer l'enfant dans son apprentissage.

• L'enseignant écrit au tableau un mot inconnu, sans déterminant.

Exemple:
mouton.

• Le mot est lu en silence et individuellement.

• Puis:

– ou bien les enfants viennent à tour de rôle lire le mot à l'oreille de l'enseignant;

– ou bien ceux qui parviennent à lire le mot l'illustrent sur leur cahier: un dessin simple, sans couleur, dont le but est de montrer à l'enseignant que «le mot secret» a été bien lu et compris.

• Enfin, le mot est oralisé seul puis avec son déterminant. Les élèves qui ont réussi à le lire expliquent leur démarche à ceux qui ont échoué.

Conseil

Choisir des mots que les élèves peuvent facilement illustrer et faisant partie de leur vocabulaire, comme *table, chaise, biberon, maison, carotte, souris*... (mais qui n'ont jamais été rencontrés).

Un mot dans un autre

Objectifs : – Maîtriser le principe de la combinatoire.
– Repérer des mots courts dans des mots plus longs.
– Mémoriser de grands pans de mots.

Organisation : Travail collectif.

Matériel collectif : 1 cache de papier.

Déroulement

• L'enseignant présente l'activité sous forme ludique, en disant qu'ils vont jouer au détective. Il annonce : « Quel(s) mot(s) se cache(nt) dans le mot que j'ai écrit au tableau ? » (*par exemple, cartable*).

• Après une recherche silencieuse, les élèves font leurs propositions.

• L'enseignant fait de même avec deux ou trois mots. À chaque fois, un enfant vient au tableau et fait apparaître le mot caché en utilisant un cache de papier.

• L'enseignant récrit au tableau les mots courts trouvés pour comparer les mots courts aux mots longs et les analyser.

Exemples :

Dans cartable,	*je lis*	[ ] *table.*
	ou	*car* [ ]
Dans mercredi,	*je lis*	*mer* [ ]
Dans copain,	*je lis*	[ ] *pain.*

Conseils

• Cet exercice rapide doit être pratiqué fréquemment : les enfants sont ainsi entraînés et trouvent spontanément des exemples.

• Voir en annexe (*p. 157*) d'autres propositions de mots pour réaliser cette activité.

Les chaînes de mots

Objectifs:	– Accroître l'habileté et la fluidité du déchiffrage. – Comprendre qu'une seule lettre change le sens d'un mot. – Repérer un intrus.
Organisation:	Travail individuel et collectif.
Matériel individuel:	Une ou plusieurs listes de chaînes de mots *(voir annexe, pp. 154-157).*
Matériel collectif:	La ou les listes écrites au tableau.

● Déroulement

• L'enseignant élabore les listes de mots, les reproduit pour chaque élève et les écrit au tableau.

Exemples de listes:

Sans intrus	***Avec intrus***
une boule	*une boule*
une poule	*une poule*
une moule	*une balle*
elle roule	*une moule*
elle coule	*elle roule*
	elle coule

1re activité (liste sans intrus)

• Les élèves lisent silencieusement les mots de leur liste.

• L'enseignant fait remarquer les similitudes et les changements dans les mots. Des élèves viennent au tableau entourer « ce qui est pareil ».

• L'enseignant fait relire la liste à haute voix par plusieurs enfants.

2e activité (liste avec intrus)

L'enseignant propose une liste (ou plusieurs) dans laquelle figure un intrus. Le travail peut s'effectuer à l'oral ou à l'écrit.

Travail oral:

• Les élèves lisent silencieusement les mots de leur liste.

• Ils recherchent l'intrus et lèvent le doigt pour donner la réponse en l'expliquant.

• L'enseignant fait relire la liste à haute voix par plusieurs enfants (sans l'intrus).

Travail écrit:

• Les élèves lisent silencieusement les mots de leur liste.

• Individuellement, ils barrent l'intrus ou le surlignent au fluo.

• La correction collective est immédiate : l'enseignant interroge un élève qui vient entourer au tableau le mot intrus, en justifiant son choix (par exemple, tous les mots contiennent le son [u], sauf le mot *balle*).

• L'enseignant termine la séance en faisant relire à haute voix les différentes listes (nombre de listes croissant au cours de l'année).

Isoler un phonème (exemple : le son [ʃ])

Objectifs :
- Repérer à l'oral un phonème isolé.
- S'entraîner à l'épellation phonologique.
- Prendre conscience de l'importance de bien articuler et de bien écouter.

Organisation : Travail collectif.

Matériel collectif :
- Un chapeau.
- 20 images illustrant des mots qui comportent le son étudié (*par exemple [ʃ] : chat, chien, cheval, chaise, chemise, chou, louche, biche, chaussette, chaussure, branche, mouche, bouchon, niche, cloche, chouette, champignon, chaîne, chocolat, cochon…*).
- 10 images de mots connus ne contenant pas le son étudié (*par exemple : crayon, vélo, bonbon, livre, clé, lapin, poisson, table, pomme, carotte…*).

→ *Voir images à photocopier, pp. 169-170.*

● Déroulement

1. Écoute de la comptine

Exemple de comptine :

Chat et chouette jouent à cache-cache.
« Chiche, dit le chat à la chouette,
Tu chercheras la chatte.
Je chercherai le chien. »

• L'enseignant lit une première fois la comptine, à haute voix. Les enfants écoutent et réagissent (sur le sens de la comptine, sur ce qui est entendu…).

• L'enseignant lit une deuxième fois la comptine en insistant sur le son [ʃ]. Les enfants de nouveau réagissent (en remarquant qu'on entend souvent le son [ʃ]).

• L'enseignant demande aux élèves de retrouver de mémoire les mots dans lesquels on entend le son [ʃ].

• Il lit une troisième fois la comptine. Les élèves lèvent le doigt quand ils entendent les mots comportant [ʃ], les autres valident ou non.

• Tous les élèves répètent la comptine.

2. Le jeu du chapeau

• Les élèves et l'enseignant sont assis en rond dans le coin regroupement. Au centre du cercle est disposée une trentaine d'images illustrant des mots : 20 images contenant le son [ʃ], 10 ne contenant pas le son [ʃ]. L'enseignant les mélange et les dispose de manière à présenter la face illustrée.

• Il prend le chapeau et annonce en articulant bien et en insistant sur le son [ʃ] :

« Chapi, chapo, dans mon chapeau, je mets un... chat ! »

Il met en même temps l'image du chat dans le chapeau.

• Il passe le chapeau à l'élève voisin. Ce dernier doit répéter la formule « *Chapi, chapo, dans mon chapeau, je mets un...* », et choisir une image pour la mettre dans le chapeau. Les autres doivent écouter et contrôler si le dessin choisi est correct.

• Lorsque le tour est terminé, le groupe classe vérifie que toutes les images illustrant un mot contenant [ʃ] sont dans le chapeau.

• L'enseignant fait oraliser tous les noms des dessins contenus dans le chapeau, en vérifiant que tous contiennent le son [ʃ].

3. Le mot élastique

• L'enseignant explique que l'on va dire des mots en « tirant dessus » (il fait le geste de tirer sur un élastique). Les enfants doivent bien écouter pour retrouver le mot et le dire « normalement ».

Il donne un exemple en détachant tous les phonèmes et en articulant bien.

> *Exemple :*
>
> *[g]-[a]-[t]-[o] : c'est le mot gâteau.*
> *L'enseignant peut symboliser chaque son par un pion ou un gros point dessiné au tableau (voir activité 6, pp. 22-23).*

• Les élèves pratiquent à leur tour l'épellation phonologique sur des mots rencontrés précédemment.

> *Exemples :*
>
> *chapeau, cheval, chaussette, cochon, chouette, chemise, mouche, biche*

• L'enseignant demande aux enfants de trouver à leur tour des mots élastiques et de les faire deviner aux autres (attention, pour beaucoup d'élèves, ces deux exercices sont difficiles).

Découvrir les graphies d'un son (exemple: «oi» - [wa])

Objectifs: – Isoler oralement un son.
– Segmenter un mot en syllabes écrites.
– Analyser la relation phonème-graphème.
– Identifier et mémoriser les graphies d'un son.

Organisation: Travail individuel et collectif.

Matériel individuel: 5 ou 6 étiquettes-mots, servant de référence pour la découverte de la graphie «oi».

poireau	roi	voiture	toile	coiffeur

Matériel collectif: Mêmes étiquettes de grand format pour un affichage collectif.

Déroulement

1. Phase orale de sensibilisation et de découverte du son

• L'enseignant propose une comptine.

Exemple:
Il était une fois
Un gentil petit roi
Qui mangeait souvent
Des grosses tranches de foie,
Il se dit: «Ma foi, si les tranches de foie
Sont si chères que ça,
Je mangerai maintenant,
Des boîtes de petits pois.»

• La comptine est répétée avec les enfants, qui peuvent frapper dans leurs mains (avec l'enseignant) chaque fois qu'ils entendent [wa].

• Le groupe classe répète à haute voix le son [wa]. Un geste peut y être associé (*cf.* méthode gestuelle de Mme Borel-Maisonny).

• Les élèves recherchent oralement les mots contenant le son [wa] dans les prénoms, dans le vocabulaire usuel des enfants.

• Les étiquettes individuelles sont distribuées et posées sur la table, les étiquettes collectives sont fixées en désordre au tableau.

• L'enseignant laisse un temps suffisant pour que les enfants lisent silencieusement les mots écrits sur les étiquettes. Il indique aux élèves que toutes les réponses aux devinettes qui vont être posées se trouvent écrites sur leurs étiquettes.

• L'enseignant, suivant le niveau des élèves, peut faire lire à haute voix les mots ou non.

• Il énonce la première devinette :

> *Exemple :*
> *Il porte une couronne (le roi).*

• Il demande aux enfants de ne pas donner la réponse mais de placer la bonne étiquette visiblement en haut de leur table. Il circule dans les rangs et interroge un élève qui donne la réponse et vient montrer l'étiquette du tableau.

Il procède de la même façon pour les autres mots.

> *Exemples :*
> *– Elle a quatre roues (la voiture).*
> *– L'araignée la tisse (la toile).*
> *– Il coupe les cheveux (le coiffeur).*
> *– C'est un légume vert (le poireau).*

• L'enseignant faire relire les mots à haute voix par plusieurs élèves.

2. Segmentation des mots en syllabes

• L'enseignant demande : « Dans quel mot allons-nous découper le petit morceau "poi" ? »

Les enfants lèvent le doigt pour donner la réponse : *poireau*.

• Il demande aux élèves de rechercher l'étiquette puis de découper le petit morceau (la syllabe) « poi ». Il envoie un élève au tableau découper l'étiquette collective pour aider les enfants en difficulté.

[poi¦reau] → [poi]

Il procède de la même façon pour les autres mots.

> *Exemples :*
> *– « Dans quel mot allons-nous découper le petit morceau "voi" » ? (voiture).*
> *– « Dans quel mot allons-nous découper le petit morceau "toi" » ? (toile).*
> *– « Dans quel mot allons-nous découper le petit morceau "coi" » ? (coiffeur).*

Les étiquettes-syllabes sont fixées au tableau.

3. Découverte de la graphie du son

• L'enseignant fait relire les syllabes, les fait comparer, puis fait entourer « ce qui est pareil » : les deux lettres « oi ».

[voi] [coi] [roi] [poi] [toi]

• Il fait remarquer qu'il s'agit de la graphie du son [wa] et l'écrit distinctement au tableau en écritures scripte et cursive.

4. Écriture sur le cahier

• Dans un premier temps, l'enseignant peut faire copier :
- une ligne de « oi » ;
- des mots contenant le son [wa], puis faire entourer en couleur la graphie « oi » ;
- une phrase inventée par les enfants avec des mots contenant la graphie « oi ».

> *Exemples :*
>
> *Le roi va chez le coiffeur en voiture.*
> *Le roi mange du foie et des poireaux.*

• Dans un second temps, plusieurs activités peuvent être menées.

– **Lecture de syllabes** contenant la graphie « oi », pour s'entraîner à la combinatoire et pour mémoriser la graphie (*boi, coi, doi, foi*).

– **Lecture de listes de mots** contenant le son [wa] :

> *Exemples :*

du bois	*la joie*	*de la soie*	*c'est moi*
un doigt	*un poids*	*je vois*	*c'est toi*
une fois	*un pois*	*le toit*	
du foie	*le roi*	*etc.*	

– **Recherche de mots :** l'enseignant écrit une syllabe au tableau. Un élève la lit à haute voix puis tous recherchent oralement des mots qui commencent par cette syllabe.
L'enseignant écrit au fur et à mesure les mots proposés.
Un élève vient entourer en couleur la syllabe commune.

> *Exemples :*
>
> *poi : poil, poilu, poire, poireau, poisson…*
> *boi : boire, boisson, bois…*

– **Exercices écrits individuels :** retrouver des syllabes manquantes, compléter une liste de mots… La correction est collective.

> *Exemple :*
>
> *Complète les mots ci-dessous avec ces étiquettes-syllabes.*
>
> | *voi* | *poi* | *toi* | *boi* |
>
> *une é.....le* *un ....reau* *une ....sson* *une ......ture*
>
> *Remarque : les syllabes sont mélangées ; les mots* étoile, poireau, boisson, voiture *peuvent être illustrés pour aider les élèves.*

Conseils

• L'enseignant préparera les étiquettes des mots en script et en cursive pour étudier la correspondance.

• Il prévoira des étiquettes individuelles suffisamment grandes pour un découpage facile.

• Il établira des étiquettes collectives suffisamment grandes pour être lues du fond de la classe, et pouvant s'afficher facilement (à l'aide d'aimants, de pâte adhésive...).

• Lorsqu'un élève vient au tableau pour découper la syllabe dans le mot, l'enseignant veille à ce que tous les autres voient bien; il tient l'étiquette en hauteur pendant que l'enfant la découpe devant ses camarades.

• L'enseignant veille à ce que les mots utilisés pour découvrir les graphies soient déjà connus des enfants (mots rencontrés dans les textes, prénoms...).

• Chaque son peut être associé à un geste, pour aider les élèves à la mémorisation (*cf.* les gestes de la méthode Borel-Maisonny).

• L'enseignant prendra soin, après la phase de découverte, d'afficher un poster de référence portant le mot clé, la graphie « oi », le dessin du mot référent et/ou la photographie du geste.

Allô, j'écoute... (exemple: [f]/[v])

Objectifs:
- Favoriser l'acquisition de la conscience phonologique.
- Opérer une discrimination auditive de deux phonèmes proches.
- Comprendre que le changement d'un seul phonème change le sens de la phrase.
- Prendre conscience de l'importance de bien articuler.

Organisation: Alternance de travail collectif et de travail en binômes.

Matériel individuel:
- Une planche de dessins illustrant les mots: *fer, verre, fin, vin, faon, vent, fil, ville, téléphone, café, vache, fumée, vélo, avion, fleur, éléphant.*

→ *Voir dessins en annexe, p. 171.*

- Deux feuilles (format A4) reproduisant la maison du son [f] et la maison du son [v] avec le dessin du geste dans le toit.

→ *Voir dessins des gestes à photocopier en annexe, p. 171.*

Matériel collectif:
- Dessins agrandis des mots proposés ci-dessus.
- Deux affichettes reproduisant le geste associé au son: une pour le son [f] et une pour le son [v].
- Des étiquettes portant la graphie des sons étudiés.

● Déroulement

1. Trouver l'erreur dans les phrases

• L'enseignant explique aux élèves qu'il va lire des phrases, mais que parfois, il va faire exprès de se tromper; ils devront alors trouver l'erreur et redire la phrase en entier en la corrigeant. Si la phrase ne comporte pas d'erreur, ils devront dire: «Exact».

• L'enseignant lit chaque phrase lentement en articulant bien.

Exemples:
- *J'ai bu un* fer *de jus d'orange.* → *J'ai bu un* verre *de jus d'orange.*
- *Il y a une longue* ville *d'attente devant la boulangerie.* → *Il y a une longue* file *d'attente devant la boulangerie.*
- *Le* veau *est le petit de la vache.* → *Exact.*
- *L'oiseau* folle *dans le ciel.* → *L'oiseau* vole *dans le ciel.*
- *Le* verre *à repasser est très chaud.* → *Le* fer *à repasser est très chaud.*
- *Le* vœu *brûle dans la cheminée.* → *Le* feu *brûle dans la cheminée.*
- *J'ai envoyé une carte de* feu *à ma mamie.* → *J'ai envoyé une carte de* vœux *à Mamie.*
- *Quand l'histoire est terminée, on écrit le mot* vin. → *Quand l'histoire est terminée, on écrit le mot* fin.
- *Mon père débouche la bouteille de* fin. → *Mon père débouche la bouteille de* vin.
- *Le petit de la biche s'appelle le* vent. → *Le petit de la biche s'appelle le* faon.

2. Écouter et répéter deux mots qui se ressemblent

• L'enseignant répète deux mots qui s'opposent, par exemple : *fer-verre*.

• Il fait préciser le sens de ces mots et il affiche au tableau les dessins correspondants.

• Il demande à un ou à deux élèves de répéter ces deux mots en insistant bien sur le début qui change.

La démarche est la même pour les couples de mots suivants :

fin-vin, faon-vent, fil-ville.

• L'enseignant fait repérer et répéter le son [f], en associant le geste (griffes du chat : on jette ses mains en avant en étirant puis repliant les doigts comme des griffes et en disant « FFFFFFF » comme le chat en colère qui crache) puis il affiche le dessin du geste et écrit la graphie « f ».

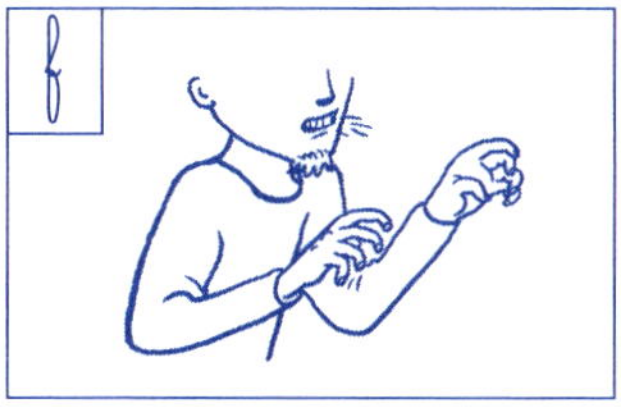

• Il fait repérer et répéter le son [v] en associant le geste (main droite qui trace le dessin d'une vague en disant « VVVVVV » de façon prolongée) puis il affiche le dessin du geste et écrit la graphie « v ».

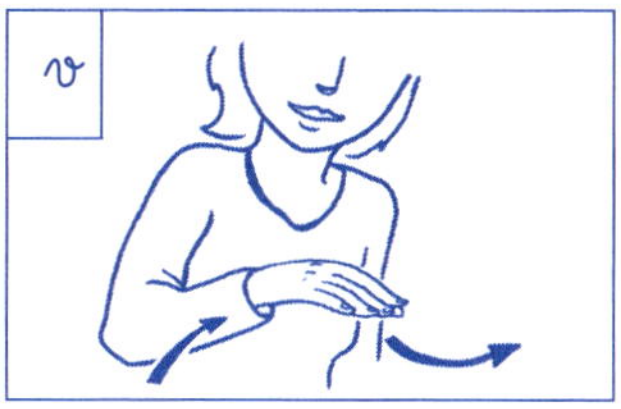

3. Compléter la maison des sons

• Le travail de recherche s'effectue en binômes.

• L'enseignant distribue à chaque binôme une planche de dessins à découper et deux feuilles portant chacune le dessin d'une maison des sons [f] et [v].

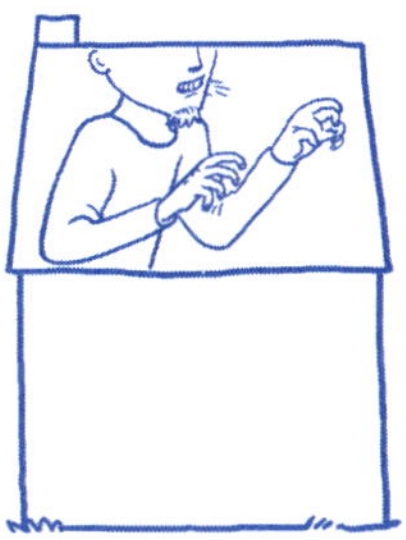

• Il demande aux élèves de découper les dessins (il est nécessaire de s'organiser pour découper à deux de façon rapide et efficace). Pendant ce temps, il trace au tableau les deux maisons des sons; il affiche dans le toit le dessin du geste correspondant et, sur le côté du tableau, le stock de dessins agrandis.

• L'enseignant demande alors de trier les dessins: « Vous placez les dessins dans la maison du [f] quand vous entendez [f] dans leur nom. Vous placez les dessins dans la maison du [v] quand vous entendez [v] dans leur nom. »

• La correction est collective. Un élève vient au tableau, il prend un dessin, dit son nom à haute voix, et le place dans la bonne maison en expliquant pourquoi. Ses camarades valident ou non.

• Les autres contrôlent sur leurs feuilles s'ils ont placé les dessins au bon endroit.

• Conseils

• Suivant le temps disponible, l'enseignant peut ne pas faire découper les dessins; il fait alors entourer d'une couleur les dessins dont le nom contient le son [f] et d'une autre couleur les dessins dont le nom contient le son [v].

• Pour pouvoir facilement corriger les erreurs, les élèves placent la feuille sous une pochette plastique et utilisent deux feutres de couleur différente.

• Variante

En suivant la même démarche, l'enseignant peut faire travailler les élèves sur d'autres oppositions phonologiques qui sont souvent sources de confusions :

p/b t/d ch/j s/z k/g ...

(→ Voir en annexe les propositions de phrases pour organiser l'activité « Trouve l'erreur dans les phrases », pp. 160-161.)

La fabrique de mots

Objectifs: – Mémoriser l'alphabet.
– Mémoriser les consonnes et les voyelles.
– Combiner les consonnes et les voyelles pour former des syllabes simples, inverses ou complexes et des mots.

Organisation: Travail collectif.

Matériel collectif: Étiquettes en bristol (environ 5 cm × 5 cm) portant les lettres de l'alphabet (en majuscule d'imprimerie, en script ou en cursive), écrites de deux couleurs différentes ou imprimées sur des feuilles de deux couleurs différentes (par exemple, rose pour les voyelles et bleue pour les consonnes).

Déroulement

• Les lettres de l'alphabet sont fixées dans l'ordre au tableau.

Un élève est désigné pour réciter l'alphabet. Au fur et à mesure qu'il dit le nom d'une lettre, un camarade vient la chercher.

Tous les élèves sont amenés à tour de rôle à venir chercher chacun une lettre (établir à l'avance un ordre de passage des élèves, afin de ne pas perdre de temps).

Première phase : syllabes de deux lettres

• L'enseignant circule rapidement dans la classe pour repérer quel élève possède telle lettre.

• Il appelle deux enfants (l'un possédant une consonne et l'autre, une voyelle). Les enfants viennent se placer au tableau côte à côte, face à la classe, et disent chacun le nom de leur lettre. Les autres lisent à haute voix la syllabe formée.

• Puis l'enseignant fait permuter les élèves et fait observer le changement de place des lettres. Un élève lit la nouvelle syllabe formée.

> *Exemple :*
> *L'enseignant appelle Agathe qui possède la lettre « r » et Quentin qui possède la lettre « a ». Ils forment les syllabes « ra » et « ar ».*

• Les enfants retournent à leur place. L'activité continue ainsi avec d'autres syllabes annoncées et d'autres élèves (ils peuvent aussi en proposer).

Deuxième phase : syllabes de trois lettres

La démarche est la même, mais cette fois l'enseignant appelle trois enfants pour composer des syllabes complexes.

> *Exemples :*
> *car/cra/arc/rac*
> *tri/tir*
> *plu/pul*
> *etc.*

Troisième phase : construction de mots

- L'enseignant annonce une syllabe, les enfants qui possèdent les lettres viennent au tableau.

Exemple :

*L'enseignant annonce « **mi** ». Les deux élèves concernés viennent se placer face à la classe.*
*Il demande alors : « Quelle lettre faut-il ajouter pour écrire le mot "**ami**" ? » L'enfant qui possède le « a » vient se placer au bon endroit.*
*L'enseignant continue : « Quelle lettre faut-il ajouter pour écrire le mot "**rami**" ? » « Que faut-il faire pour écrire le mot "**mari**" ? »*
Les élèves doivent changer de place.
*« Quelle lettre faut-il ajouter pour écrire le mot : "**mardi**" ? »*
L'élève possédant la lettre « d » doit venir se placer entre « r » et « i ».
*« Que faut-il faire pour écrire le mot "**midi**" ? »*
On peut continuer ainsi avec les mots « radis », « mamie », etc.

Autres exemples :

– mur, sur, dur…
–domino, loto, moto…
– papa, papi, pipi, tapis, tape, pipe…

- Les autres élèves sont attentifs pour déceler les erreurs et les corriger.
- À la fin de l'activité, chaque élève vient replacer sa lettre au tableau dans l'ordre alphabétique en annonçant le nom de sa lettre.

• Conseils

- Varier le type d'écriture (capitale d'imprimerie, script ou cursive) selon les séances ou au sein d'une même séance.
- Prévoir en réserve des lettres en double exemplaire pour écrire certains mots (midi : deux « i » ; mamie : deux « m » ; papa : deux « p » et deux « a »…).
- Si un mot possède une lettre muette (par exemple, le mot « radis »), faire venir l'enfant avec la lettre « s » et lui demander de placer son index sur la bouche pour visualiser le fait que l'on n'entend pas la lettre.
- Laisser l'alphabet affiché dans la classe et/ou sur la table des élèves.

Trucs et astuces pour aider l'enfant à déchiffrer

Objectifs: – Faire assimiler le principe de la combinatoire.
– Différencier la pédagogie de l'apprentissage de la lecture.

● Conseils

• Laisser un temps d'appropriation du mot, de la phrase ou du texte en lecture individuelle silencieuse.

• Pour isoler les syllabes d'un mot (c'est en effet la segmentation du mot qui, le plus souvent, pose problème aux élèves en difficulté), l'enseignant peut:

– Utiliser un ou deux caches en papier (ou en carton) en dévoilant successivement les syllabes.

Exemple:

cantine *cantine* *cantine* *cantine*

– Entourer les syllabes d'un mot en utilisant des couleurs différentes.

– Mettre des gros points sous les lettres qui se prononcent seules, des traits sous les lettres associées (*an, on, in, ain, oi, ein…*) et une croix sous la lettre muette que l'on n'entend pas.

Exemple:

dindon *peinture* *souris*
• — • • —— • • • x • — • • x

– Pour certains sons difficiles à prononcer (*cr, tr, gr…*), l'enseignant aura intérêt à ne pas utiliser le découpage traditionnel du mot, mais plutôt à « détacher » les deux consonnes.

Exemple:

Le mot « citron » se découpe habituellement en deux syllabes orales: [si] et [tron]. Certains enfants ne réussissent pas à prononcer [tron] et prononce [Kron]. Dans ce cas, l'enseignant découpe le mot d'une façon différente, en accrochant la consonne « t » avec la syllabe « ci ». On obtient: [sit] [ron].
Il fait prononcer en détachant les syllabes [sit] [ron] puis fait accélérer la vitesse de répétition; avec un peu d'entraînement, la liaison [sitron] se fera sans problème.

L'enseignant peut procéder de la même façon pour des mots qui commencent par: *cr, tr, br, gr…* Il fait prononcer le phonème consonne en l'isolant du reste du mot.

Exemples:

[b] [roche] au lieu de [bro] [che]; [c] [rache] au lieu de [cra] [che]; [t] [riche] au lieu de [tri] [che][triche], [acc] [roche] au lieu de [a] [ccro] [che]…

• L'enseignant fait récrire, sous le mot qui pose problème, un mot qui lui ressemble et qui est connu, en utilisant une autre couleur.

> *Exemple:*
> *L'enseignant écrit le mot «bien» pour aider à la lecture du mot «chien». Avec l'élève, il analyse les ressemblances et le changement.*

• Si la lettre majuscule d'un mot pose problème, l'enseignant récrit le mot en dessous avec la minuscule.

• L'enseignant fait régulièrement relire depuis le début la phrase en cours de décodage (ou la relit aux élèves qui ont beaucoup de difficulté), car ceux qui butent sur un mot perdent très vite le sens de ce qu'ils lisent et se trouvent d'autant plus en difficulté.

• Faire «retrouver un mot dans un autre»: il s'agit d'identifier des morceaux de mots plus grands que la syllabe (*voir activité 21, p. 47*).

• La lecture du texte peut être précédée d'une activité d'expression orale (à partir d'un poster, par exemple), durant laquelle l'enseignant fait émerger les mots difficiles que l'enfant rencontre dans le texte (ces mots nouveaux sont écrits au tableau, expliqués et analysés).

• Il est conseillé de présenter aux enfants les écritures cursive et scripte en même temps, pour favoriser l'acquisition de la correspondance, mais en évitant de les faire écrire en script; les confusions d'ordre visuel sont en effet plus nombreuses (notamment: *b-p-d-q; ou-on; f-t; m-n*). De plus, l'enfant de CP a des difficultés pour «ajuster» les espaces entre les lettres et les espaces entre les mots.

Pour faciliter l'identification, il vaut mieux écrire l'une en dessous de l'autre les deux écritures d'un même mot: scripte et cursive (changer de couleur).

• Il est nécessaire d'écrire très gros et lisiblement en formant bien les lettres: les élèves de CP, et notamment ceux qui sont en difficulté, sont vite perturbés par une écriture imparfaite.

• L'enseignant veillera à ce que les affichages collectifs soient écrits suffisamment gros et bien exposés pour être visibles du fond de la classe.

Créer des outils de référence

Objectifs:
- Faciliter l'apprentissage des élèves.
- Aider à la mémorisation.
- Bien organiser sa classe.

Pistes possibles

• Affichettes

Pour chaque son étudié, l'enseignant prend soin d'élaborer une affichette servant de référence (minimum 21 cm × 29,7 cm).

Il y fait figurer:

– Un mot référent pour illustrer chaque graphie d'un même son (*exemples: «jaune» pour «au»; «bateau» pour «eau»; «vélo» pour «o»; etc.*).

– La graphie écrite en script et en cursive (une couleur par type d'écriture).

L'enseignant sélectionnera les graphies les plus courantes sans y ajouter la lettre muette (*exemple: «ai», «ei», «ê», «è» et non pas «ais», «ait», «aient», etc.*).

– Les dessins correspondants (*ici: couleur jaune, bateau, vélo, etc.*).

– La photographie du geste associé au son (si la place manque, faire une affichette par graphie pour le même son): *cf.* les gestes de la méthode phonétique et gestuelle de Mme Borel-Maisonny.

Les affichettes sont de couleurs différentes pour un repérage plus aisé.

• Carnet de graphies des « sons »

Ce petit carnet reprend les mots et dessins des affichettes collectives, il est utilisé fréquemment pour les révisions, la production d'écrit. L'enfant l'emporte à la maison : cet outil sert ainsi de lien avec la famille qui utilise les mêmes mots de référence qu'en classe.

On peut utiliser un petit album photos avec pochettes transparentes.

• Alphabet

L'alphabet doit être écrit en trois écritures – scripte, cursive et majuscule –, d'une écriture parfaite, dans des interlignes, en respectant la correspondance des lettres.

Au CP, chaque enfant possède ce même alphabet individuel collé en haut de sa table ou placé dans un sous-main transparent.

• Mémo des syllabes

Ce carnet (format A5 conseillé) est confectionné dans un papier épais ou dans un carton léger pouvant supporter des manipulations fréquentes. Afin de permettre à l'enfant de se repérer plus facilement dans son carnet, l'enseignant utilisera une page de couleur différente pour chaque graphie.

Ce carnet est utilisé fréquemment pour les révisions, la production d'écrit. Les mots y figurant doivent tous être illustrés, chaque mot de référence est associé à une syllabe située soit en position finale soit en position initiale. Les syllabes fréquentes seront privilégiées.

Exemple de carnet « mémo des syllabes ».

• Le tableau de syllabes

Prévoir un tableau collectif (minimum 1 m × 1 m) avec des étiquettes (5 cm × 5 cm).

Le même tableau est reproduit individuellement pour chaque élève, et régulièrement relu. Il sera complété par l'enseignant.

(→ Voir aussi activités 16 et 17, pp. 38-41.)

• Carnet de syllabes à quatre volets découpés

Ce carnet permet à l'enfant de s'entraîner à composer des mots. Il est conseillé de privilégier un travail sur les paires minimales et les gammes de mots. On obtient ainsi : dans le premier volet, les illustrations de mots ; dans le deuxième volet, les syllabes initiales ; dans le troisième volet, les syllabes finales ; dans le quatrième volet, les lettres muettes.

Exemple :

1er volet	*2e volet*	*3e volet*	*4e volet*
Illustration des mots	***Syllabes***	***Syllabes***	***Lettres muettes***
rouge	*ba*	*ge*	
cage	*ca*	*le*	*s*
manteau	*ma*	*teau*	*t*
poule	*pou*	*deau*	
bateau	*rou*	*pin*	
cadeau	*man*	*che*	
etc.	*etc.*	*etc.*	*etc.*

La chasse aux mots

Objectifs:	– Identifier immédiatement des mots usuels et des mots outils. – Mémoriser leur orthographe et les écrire sans erreur.
Organisation:	Travail collectif.
Matériel individuel:	– Texte ou liste de mots outils. – Pochette plastique transparente pour glisser le texte. – 1 ardoise.
Matériel collectif:	Affichages de référence (listes de mots à mémoriser, textes supports...).

● Déroulement

• L'enseignant propose une liste de mots outils et/ou de mots usuels, déjà rencontré et lu par les élèves. Chaque enfant la place dans une pochette plastique.

• L'enseignant laisse un temps pour permettre à l'enfant de relire les mots, puis il demande d'entourer (au feutre effaçable) tel mot à chaque fois qu'il le prononce (ou qu'il le rencontre dans le texte étudié).

• L'enseignant passe contrôler.

• Pour chaque mot, un élève vient montrer la bonne réponse dans les affichages de référence ou l'écrit au tableau (dans ce cas, l'effacer avant chaque nouvelle recherche de mot).

• Le rythme de l'exercice doit être suffisamment soutenu pour que les élèves ne s'ennuient pas.

Exemple:
Entoure le mot «dans», «avec» etc.

● Conseils

• L'enseignant peut faire copier le mot sur l'ardoise une fois que l'enfant l'a repéré, pour s'entraîner à l'écrire.

• Pour aider à la mémorisation des mots, il est utile de les afficher en classe, de les faire lire et écrire régulièrement. Il en est de même pour les textes de référence ou les phrases dont les mots sont extraits.

• L'enseignant peut organiser une révision quotidienne sur ardoise de quatre ou cinq mots par jour qu'il dicte.

• La liste de mots à mémoriser peut être proposée en script, en cursive et en capitales.
L'enfant doit alors entourer le mot dans ses trois écritures.

Analyse fine d'un mot

Objectifs: – Identifier immédiatement les mots usuels et les mots outils.
– Mémoriser leur orthographe.
– Apprendre à les écrire correctement.

Organisation: Travail collectif.

Matériel individuel: 1 ardoise.

Déroulement

• L'enseignant écrit au tableau le mot à mémoriser.

• Il effectue une analyse du mot en faisant:

– lire le mot à haute voix par un ou deux élèves;

– retrouver le mot dans les affichages de la classe;

– identifier les syllabes;

– compter le nombre de lettres;

– nommer les lettres.

• L'enseignant écrit le mot lentement en s'appliquant et en commentant ses gestes, les élèves l'observent.

> *Exemple: **dans**.*
>
> *« Pour tracer la lettre "d", je trace un rond, puis une grande canne collée. J'attache la lettre "a", c'est un rond avec une petite canne collée. Je continue en attachant la lettre "n" : elle a deux ponts. Puis j'attache la lettre "s" : pour cela, je trace un trait penché qui monte puis je redescends pour faire le "petit sac" (ou "ventre" : au choix suivant les termes utilisés en graphisme dans la classe). »*

• Après une nouvelle observation silencieuse du mot, les enfants copient le mot plusieurs fois sur l'ardoise pour s'entraîner.

31

Copie-cache

Objectifs :	– Identifier immédiatement des mots usuels et des mots outils. – Mémoriser leur orthographe. – Apprendre à les écrire correctement.
Organisation :	Travail individuel.
Matériel individuel :	Une petite bande de papier (une feuille de 17 cm × 22 cm, divisée en 4 dans le sens de la largeur) sur laquelle l'enseignant a écrit en cursive le mot à mémoriser.

Déroulement

- L'enseignant distribue les bandes de papier.
- Il fait lire silencieusement le mot puis le fait oraliser par deux ou trois élèves.
- Il fait analyser finement le mot (*cf.* démarche décrite dans l'activité 30, p. 67).
- Puis il demande aux enfants d'écrire le mot sous le modèle.
- Ils sont ensuite invités à plier la feuille pour cacher le mot et le récrire sans le modèle. Ils déplient pour vérifier leur écriture en comparant avec le modèle.
- Ils copient de nouveau en pliant à chaque fois la feuille de façon à ne plus voir les écritures précédentes.
- L'activité est stoppée au bout de cinq à sept minutes.
- La feuille est finalement dépliée pour que chaque élève vérifie et compte le nombre de mots bien écrits.

Conseils

- L'élève peut échanger sa feuille avec celle de son voisin pour vérification.
- On peut applaudir le « champion » qui a copié le plus de fois sans erreur !

Les cartes-éclairs

Objectifs :	– Identifier immédiatement les mots usuels et les mots outils. – Mémoriser leur orthographe. – Développer l'attention.
Organisation :	Travail collectif.
Matériel collectif :	Cartes (10 cm × 30 cm, feuille bristol A4 coupée en 2 dans le sens de la longueur) sur lesquelles l'enseignant a écrit avec soin (au recto, en script et au verso, en cursive) les mots outils fréquents et les mots usuels de la classe *(par exemple : noms des jours de la semaine, des mois et les nombres écrits en lettres ; etc.)*.

Déroulement

• L'enseignant fait précéder l'activité d'un retour au calme.

• Il explique qu'il va montrer des mots et qu'il faudra les lire à haute voix.

• Il montre rapidement une carte et la cache en la retournant.

• Les élèves lèvent le doigt et oralisent le mot qu'ils viennent de lire. Les erreurs sont expliquées et corrigées collectivement.

• L'enseignant renouvelle l'activité avec cinq ou six mots.

Conseils

• Il est important de laisser ces cartes affichées en classe.

• On peut aussi, pour un gain de place, les stocker dans un classeur à anneaux transformé en chevalet.

• Cette activité doit être pratiquée très régulièrement.

33

L'emploi du temps et la date

Objectifs :
- Se repérer dans le temps.
- Représenter le temps de haut en bas (disposition de type agenda).
- Reconnaître les noms des disciplines enseignées à l'école et certains mots relatifs au temps.
- Mémoriser leur orthographe.
- Enrichir son vocabulaire.

Organisation : Travail collectif.

Matériel collectif :
- Cartes (10 cm × 30 cm, feuille A4 coupée en 2 dans le sens de la longueur) sur lesquelles l'enseignant a écrit avec soin les noms des jours et des mois et éventuellement des expressions temporelles comme *aujourd'hui c'est...*
- Un emplacement réservé à la date (en bas du tableau, par exemple).
- Un jeu d'étiquettes, à coller sur le tableau, portant les noms des disciplines (*lecture, écriture, mathématiques, arts plastiques, musique, etc.*) et les mots *récréation, déjeuner*.
- Un panneau d'affichage de l'emploi du temps quotidien.

• Déroulement

Élaboration de l'emploi du temps quotidien

• Un élève vient au tableau et annonce la première discipline de la matinée.

• Il prend l'étiquette correspondante et l'affiche sur le tableau (*exemple : lecture*).

• Les autres corrigent les erreurs éventuelles.

• L'élève fait de même pour toutes les activités de la matinée, les autres valident à chaque fois.

• Il obtient ainsi l'emploi du temps de la matinée.

• On change d'élève pour afficher les activités de l'après-midi.

• À la fin, l'emploi du temps de la journée est obtenu, avec les noms des disciplines abordées et les pauses.

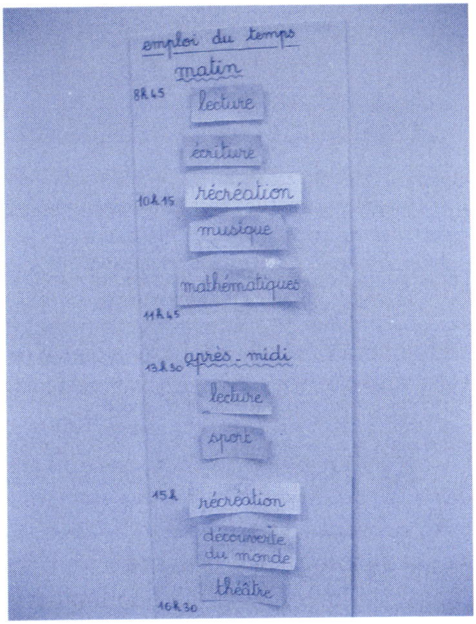

Emploi du temps de la journée.

Mise à jour de la date

• De la même façon, l'enseignant fait changer la date.

• Les noms des jours et des mois sont utilisés quotidiennement, de même que les mots: *hier, aujourd'hui, demain.*

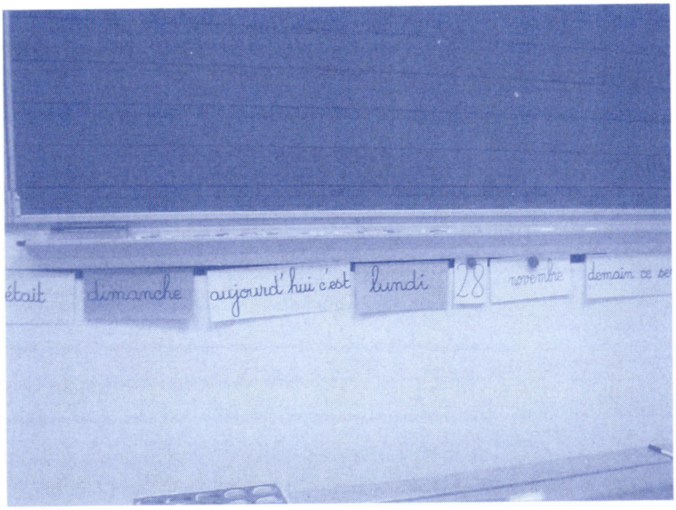

Affichage de la date.

● Conseil

L'enseignant peut proposer, pour les affichages, la double écriture scripte et cursive.

Le loto des petits mots

Objectifs: – Identifier directement les mots usuels et les mots outils.
– Mémoriser leur orthographe.

Organisation: Travail individuel et collectif.

Matériel individuel: – Plusieurs séries de 5 petites étiquettes cartonnées vierges (4 cm × 4 cm).
– 1 liste de mots outils qui figureront sur les planches de loto.
– 1 planche cartonnée (divisée par un trait, selon le nombre de cases, dans le sens de la largeur d'une feuille de format A4) portant des mots écrits en script (prévoir 6 cases pour le début de l'année, 8 à 10 plus tard).

Déroulement

L'enseignant prépare une planche de loto pour chaque élève.

Exemple de planche:

le	une	dans	la
elle	et	les	un

1er temps: Activité d'écriture

- Chaque élève reçoit quatre ou cinq petites étiquettes vierges et une liste de mots.
- L'enseignant dicte un mot, les élèves le cherchent dans leur liste.
- Puis les élèves copient le mot sur une étiquette.
- L'enseignant fait réaliser plusieurs séries de quatre ou cinq étiquettes qui seront utilisées dans le jeu.
- Les étiquettes sont redonnées à l'enseignant et mélangées.

2e temps: Jeu du loto

- Le jeu s'effectue soit collectivement, soit en ateliers.
- Les élèves reçoivent une planche chacun. L'enseignant laisse un temps pour permettre aux élèves de lire les mots et de se familiariser avec leur planche.
- Un élève est le meneur de jeu: il pioche les étiquettes au fur et à mesure et lit le mot à haute voix.
- L'enfant qui le premier reconnaît le mot sur sa planche gagne la carte et la pose sur la case correspondante.

- Le premier qui a recouvert toute sa planche a gagné.
- On change de meneur à chaque partie.

Conseil

L'enseignant peut, dans un premier temps, fournir une planche pour deux: la recherche est ainsi facilitée et le jeu dure moins longtemps.

Variante

L'enseignant peut prévoir, sur la planche, un recto en écriture scripte et un verso en écriture cursive, et faire utiliser en alternance l'un ou l'autre, ou bien faire figurer du même côté les deux écritures pour chaque mot (aide aux élèves en difficulté).

35

Les textes à trous

Objectifs:
- Identifier immédiatement les mots usuels et les mots outils.
- Mémoriser leur orthographe.
- Savoir les écrire correctement.
- Replacer des mots dans un texte.

Organisation: Travail collectif et individuel.

Matériel collectif:
- Reproduction au tableau d'un texte déjà étudié dans lequel on a effacé 4 ou 5 mots.
- 4 ou 5 grandes étiquettes portant les mots manquants (en script).

• Déroulement

• Le texte est écrit au tableau. Quatre ou cinq mots sont effacés; les étiquettes portant les mots effacés sont affichées en désordre au tableau.

• Le texte est lu silencieusement, puis à haute voix par un ou plusieurs élèves, sans les mots.

• Les élèves lèvent le doigt pour venir replacer les mots à leur place.

• Variante

• Le texte est écrit au tableau, à côté sont affichés quelques mots (cinq ou six) que l'on souhaite faire mémoriser.

• L'enseignant fait relire le texte, puis les mots.

• Il mélange les mots.

• L'enseignant demande aux enfants de fermer les yeux (tête dans les bras, mains devant les yeux). Pendant ce temps, il cache un mot du texte avec une étiquette vierge, puis demande aux enfants de rouvrir les yeux: les élèves doivent trouver le mot caché et venir replacer l'étiquette à sa place.

• On recommence plusieurs fois l'exercice en variant l'ordre de «disparition des mots».

Exemple:

Très loin [   ] *la forêt vit un vieux bonhomme,*

on l'appelle Champalu.

Champalu habite dans une cabane noire, sale,

il vit seul avec son vieux chien.

habite | dans | cabane | avec | forêt

• Conseils

• L'enseignant peut, à la suite, organiser un travail individuel en fournissant aux élèves le même texte comportant les cinq ou six mots cachés et les étiquettes des mots manquants : les enfants doivent alors coller les étiquettes au bon endroit.

• Lorsque les enfants sont plus à l'aise avec le graphisme, l'enseignant propose de compléter le « trou » en écrivant le mot. Il laisse le modèle des mots manquants en écriture cursive.

Développer l'écoute

Objectifs: – Développer l'attention.
– Entraîner les élèves à une écoute fine.

Organisation: Travail collectif.

• Déroulement

1. La phrase

• L'enseignant lit une phrase à haute voix en articulant bien.

• L'enfant doit la répéter à l'identique.

• L'enseignant change de phrase pour chaque élève (prévoir une quinzaine de phrases différentes).

2. La liste de mots

• L'enseignant prévient les élèves qu'il va lire à haute voix une liste de mots, qu'il faudra ensuite répondre à une question, et qu'il faut donc écouter attentivement.

• L'enseignant lit la liste lentement deux ou trois fois.

Exemple:

Banane, vache, manger, bleu, téléphone, assiette, table.

• Il pose des questions.

Exemples:

– *«Dans les mots que je viens de lire, j'ai dit le nom d'une couleur: laquelle?»*
– *«J'ai dit un mot qui commence par [ba]: lequel?»*
– *«J'ai dit des mots (ou trois mots) qui font penser au repas: lesquels?»*
– *«J'ai dit le nom d'un fruit: lequel?»*
– *etc.*

• Entre chaque question, l'enseignant peut relire la liste si nécessaire.

• Les listes sont progressivement allongées (on peut réduire le nombre de mots au début pour familiariser les élèves à cet exercice). La liste doit changer après chaque question, les questions doivent elles aussi varier.

3. Le texte

• L'enseignant lit à haute voix un petit texte contenant un mot qui revient souvent. Il leur demande de repérer ce mot.

• Les élèves écoutent attentivement.

• Ils lèvent le doigt pour proposer le mot.

Exemple :

Fier de lui, Petit Tom apporte un dessin à sa maman.
– Regarde maman, le beau dessin que j'ai fait pour toi.
– Merci mon chéri, dit la maman en prenant la feuille. Elle la tourne dans tous les sens et ne voit qu'une feuille toute rouge.
– Mais pourquoi as-tu barbouillé tout en rouge ?
– Je n'ai pas barbouillé ! dit Petit Tom. J'ai dessiné des tomates rouges, des cerises rouges et des fraises rouges !
Maman éclate de rire. Petit Tom est vexé, il devient tout rouge, et se met à pleurer :
– Puisque c'est ainsi, je ne te ferai plus jamais de dessin !

Les élèves doivent constater que le mot « rouge » est prononcé six fois.

4. La comptine

• L'enseignant lit à haute voix une comptine contenant un son qui revient souvent.

• Les élèves écoutent attentivement.

• Puis il fait une deuxième lecture et demande aux élèves de repérer le son qu'ils entendent le plus souvent.

• Les enfants lèvent le doigt pour proposer le son.

• L'enseignant fait répéter la comptine et propose aux élèves de frapper dans leurs mains quand ils entendent le son.

Exemple : le son [y].

J'ai v<u>u</u> dans la r<u>u</u>e,
Champal<u>u</u> barb<u>u</u>,
Champal<u>u</u> poil<u>u</u>,
Il m'a vend<u>u</u>
un balai tord<u>u</u> !

37

Créer un univers de référence autour du texte avant la lecture

Objectifs:
- Apprendre à mobiliser ses connaissances sur le monde et ses lectures antérieures.
- Apprendre à évoquer des situations vécues.
- Apprendre à utiliser le vocabulaire adapté.
- Enrichir son vocabulaire.
- Se préparer à recevoir une lecture orale.

Organisation: Travail collectif.

Matériel collectif:
- Texte « La pomme d'or », extrait de M. et R. Rettich, *40 petits contes*, Bayard éditions/Centurion, Paris, 1984.
- Images d'un château, d'une couronne, d'un trône, de l'or, d'un roi, d'un sceptre.
- Une cruche ou à défaut son dessin.

→ *Voir texte et images proposés en annexe, pp. 162, 172.*

Déroulement

• L'enseignant lit le début du texte (et seulement le début).

> Il était une fois un roi qui était très riche. Comme il était très riche, il avait tout… Et pourtant, il s'ennuyait.
>
> Il passait son temps à inventer toutes sortes de canulars.

• L'enseignant pose des questions et, tout de suite après les réponses des élèves, montre au fur et à mesure les images appropriées pour activer les connaissances des enfants, enrichir leur vocabulaire et créer un univers de référence autour du roi.

L'enseignant fait reformuler les réponses, précise les questions si nécessaire pour relancer l'échange et l'évocation des élèves.

Certaines questions resteront sans réponse, mais seront l'occasion de faire des hypothèses et de travailler sur l'implicite.

Exemples

– Quel est le personnage dont on parle dans l'histoire ? (Le roi.)
– Où habite le roi ? Vit-il seul ? Est-il marié ? (On ne peut pas savoir, mais il a probablement beaucoup de serviteurs…)
– A-t-il des amis ? (Apparemment pas beaucoup, puisqu'il s'ennuie.)
– Quels sont ses accessoires ? (Sa couronne, son sceptre [l'ajouter pour enrichir le vocabulaire des élèves].)

– Comment s'appelle le fauteuil d'un roi ? (Un trône.)
– Que veut dire « riche » ? Quel est le contraire du mot « riche » ?
– Que possède ce roi très riche ? (Un trésor, des pièces d'or, des pierres précieuses, des bijoux, etc.)
– Que signifie « Il a tout ? » (Il a de l'argent et toutes les possessions qui vont avec : château, vêtements, serviteurs…)
– Pourquoi s'ennuie-t-il ?
– Comment le roi passe-t-il son temps ?
– C'est quoi « un canular » ?
– Pourquoi fait-on des farces ?
– Un mensonge qu'est-ce que c'est ?

Ce dernier type de questions donnera probablement lieu à un échange, car il n'y a pas de réponse figée. Les élèves s'appuieront également sur leurs expériences personnelles pour y répondre.

• Conseil

Lorsque l'enseignant montre une illustration aux enfants, il est important qu'il leur demande ce que « **raconte** » l'image (il s'agit alors d'entraîner les enfants à mettre en relation des indices visuels pour construire du sens) et non pas ce qu'ils « **voient** » (ils sont alors incités, ici, à une simple énumération de ce qu'ils observent sur l'image).

Faciliter la compréhension par une lecture à haute voix

Objectifs :	– Proposer une lecture expressive aux élèves pour leur permettre : - de « rentrer dans la lecture » plus facilement ; - de comprendre des mots inconnus ; - de repérer différents personnages. – Enrichir son vocabulaire.
Organisation :	Travail collectif.
Matériel collectif :	– Texte « La pomme d'or », extrait de M. et R. Rettich, *40 petits contes*, Bayard éditions/Centurion, Paris, 1984. – Une cruche ou à défaut son dessin. → *Voir texte et images proposés en annexe, pp. 162, 172.*

● Déroulement

• L'enseignant aura préalablement lu le texte pour connaître l'histoire et préparer sa lecture à haute voix.

• Il lit le conte à haute voix de manière très expressive, pas trop vite, en articulant bien et en le théâtralisant :

– il renforce les traits de caractère des personnages et crée une ambiance en modifiant sa voix ;

– il utilise des gestes, modifie son attitude suivant certains passages du texte ;

– il ajoute des petits bruitages (frapper à la porte, etc.) ;

– il change de voix pour chaque personnage.

> *Exemples :*
>
> *Dans « La pomme d'or », insister sur les mots :*
> *– « très riche », « il s'ennuyait » (prendre un air triste) ;*
> *– « canulars », « gros mensonge » (adopter un ton enjoué, farceur, avec un regard espiègle, complice) ;*
> *– « pomme d'or », « une foule » (donner de l'ampleur aux mots pour montrer la valeur de la pomme et l'importance du monde) ;*
> *– « le roi sur son trône » (mimer la scène tout en lisant) ;*
> *– « Il riait et disait » (rire en lisant ce que dit le roi) ;*
> *– etc.*
>
> *De même, faire une révérence quand on lit « Très **révéré** roi... ».*

• Certains mots difficiles à comprendre (« déconcerté », « impudence ») peuvent être saisis grâce aux mimiques et à l'intonation utilisées par l'enseignant.

• Le récit est ainsi plus vivant et la compréhension en est amplement facilitée. (Et l'enseignant éprouve un réel bonheur à voir les réactions de ses élèves pris par le récit !)

• Conseils

• Quand l'enseignant lit un texte, il veille à ce que les enfants soient correctement et confortablement installés, afin de les placer en situation d'écoute optimale. En effet, si le coin regroupement est trop exigu ou inconfortable, les enfants assis par terre risquent de se gêner, de se chamailler; il est alors préférable de les laisser à leur place.

• Il n'est pas conseillé de remplacer systématiquement les mots « difficiles » par des mots connus des enfants, cela ferait obstacle à un enrichissement lexical; les mots difficiles peuvent être compris grâce au contexte ainsi qu'aux mimiques et intonations de l'enseignant. Des synonymes peuvent aussi être donnés aux enfants.

39

Faire reformuler et extraire les informations essentielles

Objectifs :	– Questionner les élèves pour faciliter leur « entrée dans la lecture ». – Favoriser la compréhension de mots inconnus. – Favoriser le repérage des différents personnages, de la trame narrative. – Résumer l'histoire.
Organisation :	Travail collectif.
Matériel collectif :	Texte « La pomme d'or », extrait de M. et R. Rettich, *40 petits contes*, Bayard éditions/Centurion, Paris, 1984. → *Voir texte reproduit en annexe, p. 162.*

• Déroulement

• L'enseignant arrête la lecture orale à un moment charnière et fait reformuler avant de continuer. Ainsi, dans « La pomme d'or », il s'arrête juste après la première partie du texte, pour s'assurer de la compréhension et préparer la suite.

• Il interroge les élèves pour les amener à :

– nommer les personnages de l'histoire ;

– repérer le personnage principal, son problème et la cause de son problème (il s'ennuie parce qu'il a tout, il n'a besoin de rien) : rapprocher cette situation d'une situation déjà vécue par les enfants (« Que faites-vous quand vous vous ennuyez ? ») ;

– relever l'idée du roi, l'objet de convoitise ;

– expliquer ce que provoque son annonce, et pourquoi les gens veulent tous venir au château (ils sont probablement pauvres et voudraient bien gagner la pomme d'or) ;

– comprendre pourquoi il fait des « canulars » (pour s'amuser, pour rire...) ;

– préciser le sens de l'expression « histoires à dormir debout » (histoires absurdes, ridicules, qui n'ont pas de sens, incohérentes...).

– etc.

Quand les élèves ne trouvent pas la réponse, l'enseignant relit le texte et/ou donne la réponse.

• Puis il fait extraire « ce qui est le plus important pour comprendre l'histoire ». Une fois les éléments relevés, une phrase résumant le début de l'histoire est collectivement construite.

Exemple :
« C'est l'histoire d'un roi qui s'ennuie et qui décide de faire des farces. »

Retrouver les anaphores qui désignent le même personnage

Objectifs :	– Faciliter l'« entrée dans la lecture ». – Favoriser le repérage des différents personnages. – Comprendre qu'un même personnage peut être désigné de plusieurs façons. – Enrichir le lexique.
Organisation :	Travail collectif et en binômes.
Matériel collectif :	– Conte : une version simple du *Petit Chaperon rouge* des frères Grimm. – Grandes étiquettes collectives où figurent les différentes anaphores désignant les personnages : - *le petit chaperon rouge, la fillette, l'enfant, la petite, elle...* - *le loup, la méchante bête, l'animal féroce, il...* - *la grand-mère, la vieille dame, la pauvre vieille, elle...* - *le chasseur, l'homme, il...* – 4 affichettes (format A4) portant chacune le dessin d'un des 4 personnages de l'histoire. → *Voir images proposées en annexe, p. 172.*
Matériel pour 2 :	Même jeu d'étiquettes que les étiquettes collectives (les anaphores), en taille réduite (5 cm × 5 cm environ).

Déroulement

1. Travail collectif

• L'enseignant lit le texte à haute voix.

• Il demande aux élèves d'énoncer quels sont les personnages de l'histoire.

• Il affiche au tableau, au fur et à mesure, les dessins des personnages cités.

• Il distribue un jeu d'étiquettes par binôme (les anaphores) et affiche au tableau les mêmes étiquettes.

• L'enseignant fait lire par un ou plusieurs élèves les étiquettes du tableau ; parallèlement, les autres élèves les retrouvent dans leurs étiquettes individuelles.

2. Travail en binôme

• L'enseignant relit le texte et demande aux élèves de rechercher les mots qui désignent le petit chaperon rouge.

• Les élèves recherchent (cinq minutes environ). Ils mettent de côté les étiquettes correspondantes.

• L'enseignant demande aux élèves de rechercher les mots qui représentant les trois autres personnages.

• Les élèves travaillent en binômes (la recherche dure cinq minutes environ) : ils trient leurs étiquettes (en trois tas, selon les trois personnages).

• L'enseignant procède à une mise en commun des recherches, personnage après personnage. Les élèves font leurs propositions, l'enseignant procède à une ou plusieurs relectures pour faire valider ou aider à la recherche.

• Un élève va placer sur la bonne affichette du tableau les étiquettes correspondant aux propositions validées par la classe.

• On obtient à la fin de l'activité ces quatre affichettes :

le petit chaperon rouge
la fillette
elle
l'enfant
la petite
…

le loup
il
la méchante bête
l'animal féroce
…

la grand-mère
Mère-grand
elle
la vieille dame
la pauvre femme
…

le chasseur
il
l'homme
…

• Les quatre affichettes sont relues et affichées en classe pour servir de référence.

Sélectionner des dessins qui illustrent l'histoire

Objectifs: – Extraire les informations essentielles: la trame narrative, les personnages, les lieux et les objets de l'histoire.
– Repérer des intrus.
– Choisir des illustrations en adéquation avec l'histoire écoutée.
– Retrouver la chronologie de l'histoire.

Organisation: Travail collectif.

Matériel collectif: – Conte: *Epaminondas* de Miss Sara Cone Bryant.
– 16 dessins à afficher:
- les personnages: *la maman, la marraine, Epaminondas, un roi*;
- les cadeaux: *un morceau de gâteau, une motte de beurre, un petit chien, un pain, six petits pâtés, un livre, un petit lapin*;
- les accessoires: *une corde, un chapeau, une casserole, des feuilles de bananier.*

→ *Voir texte et images proposées en annexe, pp. 163-164, 174.*

Déroulement

• L'enseignant lit le texte à haute voix.

• Il affiche au tableau les différents dessins, dans le désordre.

• Les élèves observent silencieusement.

• L'enseignant demande: «Quels dessins faut-il choisir pour raconter l'histoire?»

• Les élèves font leurs propositions qui sont validées par la classe. L'enseignant relit le texte pour aider à la validation et trouver les illustrations intruses. Il s'agit de mettre de côté le roi, le livre, le petit lapin et la casserole, qui ne font pas partie de l'histoire.

• Les dessins sélectionnés sont ensuite classés: tout d'abord, ceux des personnages, puis ceux des cadeaux reçus par Epaminondas et, enfin, les dessins des accessoires utilisés. Les intrus sont écartés.

• Le groupe classe peut essayer de reconstituer l'histoire en affichant les dessins chronologiquement.

Variantes

• Le travail de tri peut s'effectuer individuellement ou en binômes: prévoir alors un jeu de dessins complets pour chaque élève.

- L'enseignant peut aussi préparer une feuille sur laquelle il a photocopié les différents dessins. Il demande alors aux enfants de barrer ce qui n'est pas dans l'histoire ou bien d'entourer uniquement les personnages et les objets dont on parle dans l'histoire.
- La mise en commun est, dans tous les cas, collective.

● Conseil

Si l'enseignant s'appuie sur un livre de contes, il choisira une version sans illustration ou, à défaut, il cachera les illustrations de l'album.

Associer un conte lu à son résumé

Objectifs:
- Sélectionner les informations essentielles.
- Retrouver la chronologie de l'histoire.
- Reformuler l'histoire.
- Sélectionner le texte qui résume l'histoire.

Organisation: Travail collectif.

Matériel individuel: 3 petits résumés de l'histoire, dont deux ne sont pas exacts (voir ci-dessous).

Matériel collectif:
- Ces 3 mêmes résumés écrits en gros sur des affiches.
- L'album: *La Brouille*, de Claude Boujon, l'école des loisirs, 1989.

Déroulement

• Avant de lire à haute voix l'album, l'enseignant prévient ses élèves, qu'après la lecture, il leur demandera de raconter l'histoire.

• L'enseignant lit alors l'album en montrant les illustrations. Si besoin est, il relit une seconde fois.

• Collectivement, les enfants reformulent l'histoire (en insistant sur ce qui est le plus important pour comprendre l'histoire). L'enseignant les interroge si nécessaire pour orienter leur réflexion, les aider à retrouver la chronologie de l'histoire. Il les amène à repérer l'événement important qui change le cours de l'histoire (l'arrivée du renard).

• Puis l'enseignant affiche les trois résumés au tableau. Chaque élève reçoit les mêmes résumés écrits sur une feuille (écrits en gros sur des affiches).

Exemples de résumés:

1. C'est l'histoire de deux lapins qui sont amis. Mais un jour, l'un des lapins devient ami avec le renard, alors il se fâche avec l'autre lapin.

2. C'est l'histoire de deux lapins qui sont amis. Mais un jour ils se disputent. Sur ce, un renard arrive et veut les manger. Les deux lapins luttent ensemble contre le renard. Et ils redeviennent amis.

3. C'est l'histoire de deux lapins qui sont amis. Mais un jour ils se disputent. Alors un renard arrive et pour arrêter la bagarre, il mange les deux lapins.

• Chaque élève lit silencieusement les trois résumés.

• Puis les textes sont lus à haute voix par un ou plusieurs élèves.

• Les enfants font leurs propositions pour trouver le résumé qui convient au texte lu, en se remémorant ce qui a été formulé précédemment. Ils débattent et justifient leurs propositions. L'enseignant relit des extraits, si nécessaire.

• Après validation, ils collent sur leur cahier le bon résumé (le n° 2).

• Conseil

En début d'année, les résumés sont lus par l'enseignant.

Mettre en scène une histoire lue

Objectifs :	– Extraire les informations essentielles : la trame narrative, les personnages, les lieux de l'histoire. – Repérer la chronologie de l'histoire. – Interpréter le rôle d'un personnage. – Apprendre à être spectateur et critique. – Mémoriser certaines expressions.
Organisation :	Travail collectif.
Matériel collectif :	– Conte : « La pomme d'or », extrait de M. et R. Rettich, *40 petits contes*, Bayard éditions/Centurion, Paris, 1984. → *Voir texte proposé en annexe, p. 162.* – Accessoires : - une pomme ou, à défaut, une balle ; - une cruche ou, à défaut, un récipient creux ; - une chaise pour le trône.

• Déroulement

• L'enseignant lit ou relit l'histoire.

• Il lance alors une idée de gros mensonge : « Hier soir, en rentrant chez moi, j'ai trouvé une girafe dans ma cuisine. »

• L'enseignant propose aux enfants d'inventer à leur tour un gros mensonge.

• Silencieusement et individuellement, ils réfléchissent. Ils communiquent à l'oral leur mensonge.

• L'enseignant propose alors de mettre en scène l'histoire et choisit quatre ou cinq élèves volontaires pour jouer la scène : le roi, les villageois et le jeune homme.

Les autres élèves sont spectateurs.

L'enseignant délimite l'espace de jeu (une chaise pour le trône du roi).

• Il est important de changer régulièrement les acteurs.

• Conseils

• Le type d'accessoire n'a pas une importance fondamentale, l'essentiel est de croire à ce que l'on joue. Il faut cependant un minimum de mise en scène pour aider les enfants à entrer dans leur rôle.

• Il ne s'agit pas d'exiger des enfants qu'ils mémorisent le texte ni qu'ils le récitent à l'identique ; ils vont utiliser leurs propres mots pour exprimer la même chose. L'important est que les enfants comprennent l'histoire qu'ils jouent en éprouvant du plaisir.

Certains cependant s'imprégneront du texte et réutiliseront des dialogues.

• D'autres élèves, plus timides, ne voudront pas être acteurs tout de suite. Pour amorcer le jeu dramatique et donner envie, il est important de montrer aux enfants que l'enseignant aussi peut jouer un rôle.

Dans ce cas, il choisit un rôle (le roi, par exemple) et donne la réplique à un élève qui joue le rôle du jeune homme. Puis l'enseignant change de rôle, il encourage les élèves à essayer. Les enfants sont toujours applaudis, quelle que soit la qualité de leur prestation.

• L'enseignant veille à ce que personne ne se moque des acteurs.

• Prolongement

Un travail de production d'écrit peut être effectué à la suite de l'interprétation.

> *Exemple :*
> *« Inventez un très gros mensonge. »*

Suivant les compétences des enfants, l'enseignant choisit une dictée à l'adulte ou bien un travail en binômes ou encore un travail de production individuelle.

Les différentes productions écrites sont à leur tour jouées.

Associer des images et des légendes

Objectifs: – Observer une image pour comprendre ce qu'elle « raconte ».
– Lire et comprendre un texte court.
– Identifier grâce au texte des renseignements qui ne figurent pas sur l'image.
– Percevoir l'importance du changement de mots dans la phrase.

Organisation: Recherche en binômes et correction collective.

Matériel collectif: – 3 grandes étiquettes portant chacune une illustration;
– 3 grandes étiquettes portant la légende de ces illustrations.

Matériel par binôme: Mêmes étiquettes d'un format plus petit.
→ *Voir images à photocopier au format réel, pour le travail en binômes, et agrandies pour l'affichage collectif, p. 176.*

Mirou le chat trempe sa patte dans le pot de peinture rouge.

Mirou le chat trempe sa patte dans l'aquarium.

Mirou le chat pose sa patte sur l'aquarium.

• Déroulement

1. Lecture d'images

• L'enseignant distribue les images à chaque binôme et affiche au tableau les images collectives.

• Il fait observer les images en silence.

• Il demande aux enfants d'expliquer ce que raconte la première image puis la deuxième et enfin la troisième.

2. Lecture de textes

• Puis il distribue les légendes et affiche au tableau les légendes collectives dans le désordre.

• Il les fait lire silencieusement. Il aide les enfants en difficulté et s'assure de la bonne compréhension de tous (les légendes choisies sont volontairement ressemblantes pour percevoir l'importance d'un changement de mot dans la phrase).

• La recherche s'effectue par groupes de deux.

L'enseignant demande aux élèves d'associer les images et les légendes « qui racontent la même chose ».

• La correction est collective :

– un groupe fait sa proposition de légende, les autres enfants valident ou expliquent les erreurs éventuelles ;

– un élève vient afficher la légende au tableau sous le dessin correspondant.

• Les légendes sont relues à voix haute. Les éléments qui ne figurent pas sur l'image sont relevés : le nom du chat.

• Le pot de peinture est colorié en rouge.

Remettre en ordre les images et les légendes d'une bande dessinée

Objectifs:
- Observer une image pour comprendre ce qu'elle « raconte ».
- Lire et comprendre un texte court.
- Retrouver la chronologie d'une histoire illustrée et écrite.
- Identifier grâce au texte des renseignements qui ne sont pas apportés par l'image.
- Associer une image et sa légende.

Organisation: Recherche en binômes et correction collective.

Matériel par binôme:
- 6 images séquentielles.
- 6 légendes correspondantes, écrites sur des étiquettes (voir ci-après).

Matériel collectif:
- Les mêmes images agrandies et coloriées;
- Les mêmes légendes écrites (ou photocopiées) en gros sur des feuilles séparées.

→ *Voir images à photocopier au format réel, pour le travail en binômes, et agrandies pour l'affichage collectif, p. 175.*

• Déroulement

• L'enseignant distribue d'abord les images mélangées, les images agrandies sont affichées en désordre au tableau.

• Il laisse les élèves observer les images et réagir.

Exemples:
« Les images sont mélangées, elles doivent raconter une histoire, il faut les remettre en ordre… »

• Puis les élèves, individuellement ou en binômes, sont invités à remettre les images dans l'ordre.

• Lors de la mise en commun, les enfants proposent leur histoire et l'ordre dans lequel ils ont placé leurs images. Ils élaborent des phrases orales, cohérentes. Un élève vient déplacer les images au tableau au fur et à mesure des propositions (l'ordre adopté doit être justifié).

• Les légendes sont distribuées et les légendes agrandies sont affichées. Elles sont lues silencieusement. L'enseignant aide les élèves en difficulté.

• Les légendes sont à leur tour remises en ordre: le travail s'effectue en binômes puis la correction est collective.

• Ensuite l'enseignant demande aux élèves de faire correspondre les illustrations et les légendes (travail effectué individuellement ou en binômes).

• Une mise en commun est organisée: un élève propose la légende qui correspond à la première image, il la lit à haute voix et les autres valident ou corrigent en justifiant.

• La démarche est la même pour les autres dessins. Voici ce qu'on obtient à la fin de l'activité :

Le poisson rouge nage dans l'aquarium.

Minette la chatte arrive.

Minette saute sur la table.

Elle met ses pattes sur l'aquarium.

Elle trempe une patte dans l'eau pour attraper le poisson.

Mais maman pousse la porte de la cuisine, la chatte se sauve !

• Les légendes de la bande dessinée sont relues par plusieurs élèves.

• Le groupe classe pointe les renseignements que nous donne le texte et que l'illustration ne nous permet pas de savoir (il s'agit d'une chatte qui s'appelle Minette ; la dame qui entre dans la pièce est une maman…).

• Les illustrations sont coloriées.

• Le texte est lu de façon magistrale.

• Conseils

• Le mot « aquarium » est écrit au tableau et lu avec les enfants avant le travail de lecture individuelle.

• L'enseignant rappelle dans quel sens on place les images (de gauche à droite) pour raconter l'histoire.

• Chaque légende est placée sous l'image correspondante.

• La réalisation s'effectue en deux temps : d'abord la remise en ordre des images puis la remise en ordre des légendes.

• Prolongement

Une copie des légendes dans le bon ordre peut être proposée.

Associer les personnages et les bulles d'un dialogue

Objectifs:	– Identifier les personnages d'un texte. – Retrouver la chronologie d'une histoire et l'ordre d'apparition des personnages. – Retrouver les paroles d'un personnage. – Observer le passage du texte narratif au dialogue (suppression de « elle dit »).
Organisation:	Travail collectif et en binômes.
Matériel collectif:	– Texte : *La Petite Poule rousse*. – 4 dessins illustrant la poule, 4 dessins illustrant le canard et 4 dessins illustrant le dindon. – 16 étiquettes en forme de bulle avec les phrases de dialogue, pouvant être affichées au tableau. → *Voir texte, p. 165; images à photocopier en format agrandi, p. 176.*

• Déroulement

• L'enseignant photocopie les images et prépare les étiquettes bulles:

Qui va semer ce blé ? (1 étiquette)

Pas moi ! (3)

Ni moi ! (3)

Bon, je vais le semer toute seule. (1)

Qui va porter ce grain au moulin ? (1)

Bon, je vais le porter toute seule. (1)

Qui va faire du pain avec cette farine ? (1)

Bon, je vais le faire toute seule. (1)

Qui va manger le bon pain bien doré ? (1)

Moi ! (1)

Moi, aussi ! (1)

Non, pas vous, je vais le manger avec mes poussins ! (1)

• L'enseignant lit le texte à haute voix.

1. Travail collectif

• L'enseignant demande aux élèves de citer les personnages de l'histoire. Au fur et à mesure, il affiche au tableau le dessin du personnage (poule, canard, dindon).

• Puis les élèves sont amenés à rappeler la chronologie de l'histoire. Les étapes de fabrication du pain sont alors précisées (grain de blé, farine, pain).

• Les dessins des personnages restent affichés au tableau.

2. Travail en binômes

• L'enseignant répartit les bulles de dialogue entre les différents binômes.

Il précise à quoi servent les bulles de dialogue et fait remarquer qu'elles sortent de la bouche du personnage qui parle.

• Les élèves lisent silencieusement les bulles.

• L'enseignant demande alors quel personnage parle en premier et ce que dit la petite poule au début. Les élèves cherchent dans leurs étiquettes la bulle qui convient.

• La correction est collective et immédiate : un élève est sollicité pour venir coller l'étiquette au bon endroit sur le tableau.

• La démarche est la même pour la suite.

• Trois élèves sont désignés pour relire à haute voix toutes les bulles en dialoguant (un élève par personnage).

• Le texte peut être photocopié et distribué à la fin de l'activité pour faire observer le passage du texte narratif au dialogue (suppression des parties narrées et des « elle dit »...)

• Conseils

• Le texte peut être lu par l'enseignant la veille.

• Suivant le niveau des élèves, il peut aussi proposer le texte en lecture découverte (dans ce cas, le photocopier pour chaque élève), et un ou deux jours plus tard travailler sur les bulles de dialogue.

• Pour aider à la compréhension, trois élèves peuvent jouer la scène.

• L'enseignant veille à bien orienter les bulles sur le tableau, de façon à ce que les personnages se répondent.

Mots mélangés dans une phrase

Objectifs:
- Déceler les incohérences d'une phrase.
- Prélever des indices pour trouver le début et la fin de la phrase: la majuscule et le point.
- Remettre les mots dans l'ordre pour donner une signification à la phrase.
- Percevoir que l'expression « la phrase a du sens » signifie à la fois qu'elle raconte quelque chose et qu'elle s'écrit de gauche à droite.

Organisation: Travail individuel ou en binômes.

Matériel individuel (ou pour 2): Étiquettes portant l'écriture des mots: *mange, os, un, un, chien* (voir ci-dessous).

Matériel collectif:
- Étiquettes individuelles agrandies.
- Grands dessins symbolisant les 5 mots: *mange, os, un, un, chien.*

→ *Voir dessins à photocopier en format agrandi, p. 176.*

• Déroulement

• L'enseignant photocopie les dessins et prépare les étiquettes-mots: il photocopie celles-ci (et écrit au verso les mots en écriture cursive, pour les individuelles) ou les récrit (en script et cursive).

mange	chien	Un	os.	un

1. Phase collective

• Les illustrations sont affichées en désordre au tableau.

• L'enseignant lit une phrase à haute voix: « *Un chien mange un os.* »

• Les élèves observent les images, puis l'enseignant demande de placer les images dans l'ordre pour « raconter » ce qu'il vient de lire.

• Les enfants échangent pour savoir comment placer les dessins et dans quel sens. Ils retiendront le sens de l'écriture de la gauche vers la droite

• L'enseignant trace alors une grande flèche sur laquelle des élèves viennent coller les images dans l'ordre.

- Un élève redit la phrase en venant montrer les dessins correspondant à chacun des mots.
- L'enseignant affiche alors les mots en désordre au tableau.
- Les mots sont identifiés et lus à haute voix.

2. Phase de recherche individuelle ou en binômes

- L'enseignant distribue les étiquettes-mots à chaque élève (ou groupe de deux).
- Il demande de remettre en ordre les mots pour écrire la phrase. Il fait répéter la phrase par un ou deux élèves.
- Les élèves recherchent (en s'aidant des dessins affichés si nécessaire).
- Les propositions sont mises en commun et validées par la classe qui justifie les réponses ou corrige les erreurs. Un élève vient remettre en ordre les étiquettes-mots du tableau.

Conseils

- Ne pas manquer de faire comprendre l'importance de l'ordre des mots en inversant les mots « chien » et « os » et en faisant remarquer l'incohérence (« *un os mange un chien* »).
- Faire repérer la majuscule du début de phrase et le point final pour aider les enfants à replacer les mots dans l'ordre.
- Utiliser les étiquettes individuelles côté écriture cursive pour que les élèves recopient la phrase reconstituée avec un modèle.
- L'enseignant peut rajouter un mot intrus (suivant l'époque de l'année et les capacités des élèves, cela peut constituer un mode de différenciation).

Trouver l'intrus (ou les intrus)

Objectifs: – Déceler les incohérences d'une phrase.
– Repérer le ou les mots intrus qui rendent la phrase incompréhensible.
– Récrire la phrase correcte.

Organisation: Travail individuel et collectif.

Matériel individuel: Des phrases ou un texte avec des mots intrus reproduits sur une feuille.

Matériel collectif: Même texte ou mêmes phrases reproduits au tableau.

Déroulement

• L'enseignant distribue, selon le niveau des élèves, une (ou des) phrase(s) ou encore un texte (les mots intrus ne doivent pas apparaître en gras).

Exemples:
Une phrase: Le petit garçon joue ***école*** *au ballon.*

Un texte court: Un extrait de La Petite Poule rousse.
La petite ***école*** *poule rousse gratte dans la cour; elle trouve un grain de blé.*
– Qui va ***sapin*** *semer ce blé? dit la petite poule.*
– Pas moi! dit le dindon.
– Ni moi! dit le canard.
– Bon, dit la ***dans*** *petite poule, je vais le semer toute seule.*

• Les élèves lisent silencieusement la phrase (ou le texte).

• L'enseignant laisse les élèves réagir: «Ça ne veut rien dire...»

• Il demande aux enfants ce qu'il faut faire pour que la phrase «raconte quelque chose». Il recueille les différentes propositions, le groupe classe s'accorde pour «barrer le mot en trop».

• Les phrases sont reproduites au tableau pour faire une correction collective. Des élèves les lisent à haute voix. L'enseignant demande aux élèves de justifier leurs choix quant aux intrus et de valider la cohérence de la phrase. Les mots intrus sont barrés au tableau et sur les feuilles individuelles.

Prolongement

Demander aux élèves de copier la phrase corrigée ou une partie du texte. Pour faciliter la copie, prévoir de fournir à l'enfant la phrase ou le texte écrit en cursive.

Repérer des renseignements contradictoires

Objectifs: – Déceler les incohérences d'un texte.
– Repérer les renseignements qui le rendent incohérent.
– Apporter des corrections pour rétablir la cohérence du texte.

Organisation: Travail individuel et collectif.

Matériel individuel: Un court texte avec des éléments incohérents, reproduit sur une feuille.

Matériel collectif: – Le même texte reproduit au tableau.
– Des caches en papier.

Déroulement

• L'enseignant distribue un texte avec plus ou moins d'incohérences, selon le niveau des élèves (les contradictions ne doivent pas apparaître en gras).

Exemples de textes:
*1. C'est **l'été**, la neige recouvre le toit de la maison, le jardin est tout blanc. Julien enfile son **maillot de bain**, son bonnet et ses gants pour aller faire un bonhomme de neige.*

*2. La maman de Pierre vient d'avoir un bébé, c'est une petite fille qui s'appelle Agathe. Pierre est très content d'avoir **un petit frère**.*

• L'enseignant demande aux élèves de lire le texte silencieusement.
• Puis il fait lire à haute voix le texte reproduit au tableau par deux ou trois élèves.
• Il laisse réagir les élèves puis leur demande: «Est-ce que l'on comprend ce que raconte le texte?» Les élèves donnent leurs réponses.

Exemples:
«Oui, la phrase a du sens; elle raconte quelque chose; on la comprend; elle est compréhensible…»

• L'enseignant poursuit l'interrogation, les élèves répondent.

Exemples:
Enseignant: «Pourtant, qu'est-ce qui ne va pas dans l'histoire? En quelle saison se passe l'histoire? De qui parle-t-on?»
Élèves: «Ce qu'on nous raconte au début du texte ne va pas avec la suite. La phrase ne va pas. Elle est incohérente…»

• L'enseignant demande aux élèves de rechercher et d'entourer dans leur texte les groupes de mots qui rendent le texte incohérent.

• Puis, il envoie au tableau un ou plusieurs élèves entourer leurs propositions. Les enfants doivent justifier leurs réponses. Les autres valident ou non.

Exemples:
– « C'est l'été »: le nom de la saison ne convient pas, ça ne va pas avec la suite (la neige).
– « maillot de bain »: la tenue vestimentaire de Julien n'est pas adaptée (il fait froid).

• L'enseignant fixe deux étiquettes de papier pour cacher les deux groupes de mots.

• Puis il demande aux enfants d'écrire sur leur feuille ce qu'il aurait fallu écrire à la place de « C'est l'été » et « son maillot de bain ».

Exemples:
– Pour le premier texte: « C'est l'hiver; son manteau, son anorak, etc. ».
– Pour le deuxième texte: « Une petite sœur ».

• Il demande ensuite aux élèves de lire à haute voix leurs propositions et il écrit au tableau, sur les étiquettes, celles qui seront reconnues et validées par la classe.

• L'enseignant fait relire à haute voix le texte corrigé.

Conseils

• Lors de la mise en commun au tableau, ne pas effacer les groupes de mots, les cacher avec une feuille de papier, pour ainsi revenir à la phrase initiale en cas de besoin.

• L'enseignant peut, lors de la relecture finale, faire lire le texte en ne corrigeant qu'un des deux éléments. Il obtient alors des textes dont l'incohérence n'apparaît pas au même endroit:

Exemples:
1. C'est l'été, la neige *recouvre le toit de la maison, le jardin est tout blanc. Julien enfile son manteau, son bonnet et ses gants pour aller faire un bonhomme de neige.*
L'incohérence apparaît ici dès le mot « neige ».

2. C'est l'hiver, la neige recouvre le toit de la maison, le jardin est tout blanc. Julien enfile son maillot de bain *, son bonnet et ses gants pour aller faire un bonhomme de neige.*
L'incohérence apparaît ici après le verbe « enfile ».

Repérer des phrases qui rendent le texte incohérent

Objectifs:	– Repérer les phrases qui rendent le texte incohérent. – Faire la différence entre une phrase incohérente et une phrase incompréhensible. – Apporter des corrections pour rétablir la cohérence du texte.
Organisation:	Travail individuel et collectif.
Matériel individuel:	Un texte avec des phrases intruses, reproduit sur une feuille.
Matériel collectif:	Le même texte reproduit au tableau.

● Déroulement

• L'enseignant distribue le texte.

Exemple de texte:

Tous les soirs, avant de s'endormir, Eliott demande à sa maman de lui lire une histoire. Il s'installe dans son lit, son pouce dans la bouche et son doudou sur le nez. Puis il attend. Alors, sa maman s'assied au bord du lit, la maîtresse prend une éponge et efface le tableau, et elle raconte: «Il était une fois, un petit chat perdu dans la forêt...»
Maman raconte, raconte... C'est l'heure de la récréation.
Tout doucement, Eliott s'endort en faisant de beaux rêves...

• Les élèves lisent le texte individuellement et silencieusement.

• Le texte reproduit au tableau est lu à haute voix par un élève.

• L'enseignant laisse réagir les élèves puis les questionne sur le texte: déroulement de l'histoire, les personnages... Ils doivent prendre conscience que l'apparition de la maîtresse est inopportune dans l'histoire.

Exemples:

– Quels sont les personnages de l'histoire?
– À quel moment se passe l'histoire?
– Où?
– Que fait la maman?
– Que fait la maîtresse? Pourquoi apparaît-elle dans l'histoire?
– Où se trouve Eliott, sa maman, la maîtresse? Etc.

• Les élèves sont alors amenés à rechercher les phrases qui rendent le texte incohérent, et à les surligner dans leur texte. Il s'agit de: «la maîtresse prend une éponge et efface le tableau» et «C'est l'heure de la récréation».

• La correction est collective : les élèves sont envoyés au tableau pour faire leurs propositions en justifiant leurs réponses. Les autres valident ou non. L'enseignant met en évidence le fait que les phrases relevées sont incohérentes dans le texte, mais ne sont pas incompréhensibles : elles ont un sens hors contexte.

• Le texte correct est relu à haute voix par un ou plusieurs élèves.

Conseils

• En début d'année de CP, utiliser les textes déjà connus et insérer une seule phrase intruse (tirée d'un autre texte déjà lu).

• L'enseignant peut aussi lire le texte à haute voix et faire repérer les « phrases en trop » lors d'un travail collectif.

• Le travail de recherche peut se faire à deux.

Retrouver deux textes mélangés

Objectifs:
- Retrouver le fil conducteur d'un texte.
- Repérer les phrases qui font partie d'un même texte en s'appuyant sur les indices culturels et textuels (point, majuscule).
- Retrouver l'ordre et la chronologie d'un texte.

Organisation: Travail individuel ou en binômes.

Matériel individuel: 1 jeu de 6 étiquettes avec des morceaux de phrases appartenant à deux descriptions mélangées.

Matériel collectif: Mêmes étiquettes agrandies pour affichage au tableau.

Déroulement

• Les étiquettes collectives sont affichées au tableau en désordre et les étiquettes individuelles sont distribuées.

Exemples d'étiquettes:

La méchante sorcière porte une longue robe noire,

elle a des fleurs et des rubans dans les cheveux,

un corbeau est perché sur son épaule,

La jolie fée porte une belle robe dorée,

elle vole sur son balai magique.

elle tient une baguette magique.

• L'enseignant laisse un temps suffisant pour une lecture silencieuse des étiquettes.
• Il laisse les enfants réagir. Ils sont amenés à remarquer qu'il y a deux textes mélangés.
• Puis il demande de quels personnages on parle dans les textes.
• Les élèves isolent les deux phrases qui contiennent le nom des personnages.

Exemple :

La méchante sorcière porte une longue robe noire,

La jolie fée porte une belle robe dorée,

- Puis ils sont amenés à mettre ensemble les phrases qui parlent du même personnage.
- La correction est collective : le groupe classe travaille d'abord sur le tri des phrases qui décrivent la fée ou la sorcière.
- Après chaque proposition, un élève vient placer la phrase du côté sorcière ou du côté fée.
- Puis, collectivement, les phrases sont replacées dans l'ordre (et de gauche à droite). Un autre élève vient au tableau. L'enseignant fait remarquer le point final du texte. Les propositions doivent toujours être justifiées.
- Les deux textes reconstitués sont relus à voix haute.

Exemples :

– La méchante sorcière porte une longue robe noire, un corbeau est perché sur son épaule, elle vole sur son balai magique.
– La jolie fée porte une belle robe dorée, elle a des fleurs et des rubans dans les cheveux, elle tient une baguette magique.

• Conseil

Aider les élèves dans leur organisation en disposant au tableau d'un côté les phrases décrivant la sorcière et de l'autre celles décrivant la fée. Les enfants placent leurs étiquettes de la même façon sur leur table.

• Prolongements

- On peut prolonger en faisant recopier l'un des deux textes, ou les deux pour les élèves les plus performants. Attention cependant à la difficulté de transcription script/cursive (prévoir, dans ce cas, des étiquettes écrites en cursive qui serviront de modèle.)
- L'enseignant peut partir d'un récit et d'un texte documentaire mélangés.

Exemples :

La promenade de Lapinou
Comme tous les matins, Lapinou va faire sa petite promenade, il fait trois petits bonds, et s'arrête au pied du grand chêne, puis il dresse ses longues oreilles pour écouter les bruits de la forêt. Pas de danger ! Frrutt ! Le voilà parti !

Le boa

Le boa est un serpent énorme qui se déplace en rampant et s'enroule autour des animaux pour les étouffer avant de les manger.

Comme tous les matins, Lapinou	au pied du grand chêne, puis
Le boa est un serpent énorme	il dresse ses longues oreilles pour écouter
Pas de danger ! Frrutt ! Le voilà parti !	va faire sa petite promenade,
qui se déplace en rampant et	les bruits de la forêt.
il fait trois petits bonds, et s'arrête	avant de les manger.
s'enroule autour des animaux pour les étouffer	

Lecture-puzzle

Objectifs :	– Rétablir la cohérence d'un texte. – Retrouver la chronologie d'un texte. – Prélever des indices pour reconstituer le texte. – Repérer les reprises anaphoriques.
Organisation :	Travail collectif.
Matériel individuel :	5 étiquettes portant les 5 parties du texte.
Matériel collectif :	Les mêmes étiquettes agrandies pour affichage au tableau.

Déroulement

• L'enseignant écrit le titre du texte au tableau.

Exemple : Les bulles de savon.

• Les élèves le lisent silencieusement puis à haute voix.

• Ils font des hypothèses à partir du titre, ils échangent leurs expériences sur les bulles de savon.

Exemples :
Comment faire des bulles ? Que deviennent les bulles ? Etc.

• L'enseignant dit ensuite aux enfants que le texte de l'histoire est découpé en morceaux et que les étiquettes sont mélangées.

• Il distribue les étiquettes individuelles dans le désordre (les mêmes, agrandies, sont affichées au tableau en désordre).

Exemple :

mais Mirou le chat la voit. Il veut l'attraper avec sa patte…

Elle fait une grosse bulle, une énorme bulle qui se pose sur la table ;

Mirou se sauve, Lucie rit !

Lucie fait des bulles de savon dans le salon.

Ploc ! La bulle éclate au nez du chat qui est tout mouillé.

• Les élèves lisent silencieusement les morceaux de texte.

• L'enseignant fait chercher dans le texte :

– le nombre et le nom des personnages ;

– ce qu'ils font ;

– les mots qui parlent du même personnage (anaphores) : *Lucie/elle ; le chat/Mirou/il ;*

– la première phrase du texte : *Lucie fait des bulles de savon dans le salon.*

Les élèves explicitent et justifient leur proposition.

> *Exemple :*
> *Dans cette phrase, on présente Lucie et on dit ce qu'elle fait.*

• L'enseignant fait rechercher la suite du texte. Il laisse un temps aux élèves pour réfléchir. Lors de la mise en commun des différentes propositions, un enfant vient déplacer le morceau de phrase, relit le texte depuis le début. Les réponses sont à chaque fois justifiées en s'appuyant sur la logique, la chronologie du texte et des mots « indices » (mais…).

• L'enseignant fait relire tout le texte par plusieurs élèves :

> ***Les bulles de savon***
>
> *Lucie fait des bulles de savon dans le salon.*
> *Elle fait une grosse bulle, une énorme bulle qui se pose sur la table ; mais Mirou le chat, la voit.*
> *Il veut l'attraper avec sa patte…*
> *Ploc ! La bulle éclate au nez du chat qui est tout mouillé.*
> *Mirou se sauve, Lucie rit !*

• Conseils

• L'enseignant peut organiser un travail de recherche en binômes.

• Les étiquettes collectives sont fixées au tableau avec de la pâte adhésive pour être déplacées facilement.

• Lorsque le texte est reconstitué, l'enseignant peut le faire coller sur une feuille.

Lecture à choix multiple

Objectifs: – Rétablir la cohérence d'un texte.
– Sélectionner les propositions cohérentes.
– Prélever des indices pour reconstituer le texte.
– Tenir compte du contexte pour faire des choix.

Organisation: Travail en binômes.

Matériel pour 2: Un texte à choix multiple, reproduit sur une feuille.

Matériel collectif: Le même texte reproduit au tableau.

Déroulement

• L'enseignant distribue le texte à chaque élève.

Exemple de texte:

Tous les mercredis, Paul va au bord < ***de la piscine*** / ***du lac***

avec son < ***grand-père.*** / ***maître.***

Paul n'oublie jamais son petit < ***vélo*** / ***sac***

rempli de pain dur.

Dès qu'il arrive, les canards s'approchent. Alors il lance ses morceaux de < ***papier*** / ***pain***

dans l'eau.

• Les élèves le lisent silencieusement.

• L'enseignant laisse réagir les élèves puis les amène à s'interroger sur le texte.

Exemples:

De quels renseignements peut-on être sûr?
– Il y a deux personnages: Paul et un autre…
– L'histoire se passe le mercredi.
– On parle de canards qui s'approchent…

• Les différentes propositions sont relues (*piscine/lac; grand-père/maître…*) et les élèves s'interrogent sur celles qui sont valables. Toutes les réponses sont justifiées.

• Les élèves choisissent les bonnes propositions en les entourant ou en les surlignant sur leur feuille.

• La correction est collective, au tableau : les élèves explicitent leurs choix, justifient et corrigent les erreurs de leurs camarades.

> *Exemples de justifications :*
>
> *– Bien que cohérente avec le début du texte, la proposition de la piscine ne va pas avec la suite, il n'y a pas de canards à la piscine.*
> *– Le maître de la classe ne peut pas accompagner Paul tous les mercredis car il n'y a pas d'école ce jour-là.*
> *– Le mot « vélo » ne peut pas être retenu à cause de la suite : « rempli de pain dur ».*
> *– Le mot « papier » ne s'inscrit pas dans le contexte car Paul porte un sac de pain.*

• Conseils

• En début d'année, l'enseignant peut proposer une seule phrase avec deux choix.

• L'enseignant fait lire les propositions ou les lit (suivant l'époque de l'année et les compétences des élèves).

• Deux couleurs peuvent être utilisées pour différencier les groupes de mots qui ne varient pas et les groupes de mots faisant l'objet d'un choix.

• L'enseignant peut aussi écrire les groupes de mots invariants au tableau et les groupes de mots à choisir sur des étiquettes fixées au tableau.

• Les deux propositions écrites peuvent être disposées soit l'une à côté de l'autre, soit l'une au-dessous de l'autre dans le texte.

Copie dirigée (écriture guidée)

Objectifs :
- Copier une phrase en utilisant un modèle.
- Détecter les erreurs et les corriger.
- Acquérir l'habileté et la fluidité du geste.

Organisation : Travail individuel.

Matériel individuel : Une phrase écrite sur le cahier de l'élève.

Matériel collectif : La même phrase écrite au tableau.

Déroulement

• L'enseignant copie au tableau la phrase écrite préalablement sur le cahier des élèves.

> *Exemple :*
>
> *Le chat boit son lait.*

• Les élèves lisent silencieusement la phrase puis certains la lisent à haute voix. L'enseignant s'assure que le sens de la phrase est bien compris avant de la faire copier.

• Il récrit au tableau le premier mot (« Le »), en commentant ses gestes, les enfants sont attentifs.

> *Exemple :*
>
> *L'enseignant dit : « Je trace la lettre majuscule "L", puis je lève ma craie et j'attache la lettre "e" : je trace une petite boucle. »*

• Puis l'enseignant récrit le mot, les élèves écrivent en même temps que lui, ils suivent les indications.

• Ensuite l'enseignant fait relire le deuxième mot : « chat ». Il trace les lettres en commentant son geste et en indiquant la portion de mot qu'il trace sans s'arrêter. Les élèves observent.

> *Exemple : Pour écrire « ch » de chat.*
>
> *L'enseignant commente ses gestes : « Pour tracer la lettre "c", je fais un gros point et je tourne vers la gauche pour faire le petit crochet. Puis, sans lever le crayon, je monte, je fais une grande boucle, je tourne vers la gauche et je redescends tout droit jusqu'à la ligne, puis je remonte sur le même trait, je fais un petit pont et je tourne un peu à droite pour pouvoir attacher l'autre lettre. Je lève mon crayon…*

• Après observation des gestes de l'enseignant, les élèves reproduisent le mot sur leur cahier. Ils ont le modèle sous les yeux, car pour beaucoup d'enfants le seul modèle au tableau ne suffit pas; en effet, le passage du plan vertical au plan horizontal est source de difficultés supplémentaires.

• La démarche est la même pour écrire tous les mots de la phrase.

• Les enfants échangent leur cahier pour vérifier la copie. En cas d'erreur, ils corrigent. L'enseignant passe dans les rangs pour contrôler.

• Progressivement, lorsque les enfants auront acquis une certaine aisance, l'enseignant pourra se dispenser de commenter ses gestes et laisser les élèves écrire avec le seul modèle sous les yeux.

● Conseils

• L'enseignant prend soin d'écrire de façon parfaite en respectant la forme et la hauteur des lettres.

• Il dessine en pointillés la majuscule du début de phrase pour aider l'élève (ce dernier repasse sur les pointillés pour écrire la lettre).

• L'écriture scripte est proposée uniquement à lire; il est important de faire écrire uniquement en cursive pour éviter les problèmes liés à l'espacement des lettres et aux confusions visuelles plus fréquentes (« b/d », « p/q », « f/t », « ou/on »...)

• L'enseignant donne le nom des lettres qu'il trace et fait bien la différence entre le son et la lettre.

• Il est indispensable que l'enseignant écrive sur un tableau ligné, du même type que les lignes du cahier.

• Pour les enfants les plus en difficulté, l'enseignant n'hésitera pas à pratiquer l'écriture à main guidée.

• Il ne s'agit pas de se contenter d'un résultat apparemment satisfaisant, mais il faut rester vigilant et observer les enfants pour veiller à la bonne tenue du crayon, à la bonne posture et au bon sens de tracé des lettres.

• Certains enfants auront besoin du modèle écrit sur leur cahier toute l'année de CP.

• L'enseignant pourra proposer en cours d'année, suivant l'habileté des enfants, un modèle photocopié.

Copie encadrée

Objectifs :
- Respecter la forme des lettres, la hauteur, le sens du tracé.
- Procéder à une analyse fine des mots (reconnaissance des lettres).
- Utiliser un modèle pour copier et comparer.
- Détecter ses erreurs et les corriger.
- Acquérir l'habileté et la fluidité du geste.

Organisation : Travail collectif et individuel.

Matériel individuel : 1 cahier ou 1 ardoise.

Matériel collectif :
- La phrase ou le mot à copier écrits au tableau.
- Des caches en papier.

Déroulement

• Le modèle est écrit au tableau en grosses lettres cursives.

Exemple :

maison

• Les élèves lisent silencieusement le mot. Plusieurs le lisent à haute voix. L'enseignant le lit à son tour à haute voix, en articulant bien.

• Il fait observer le mot en faisant repérer le nombre de lettres et identifier le nom des lettres.

• L'enseignant cache alors une partie du mot et fait copier ce qui reste visible (lettre, syllabe ou unité graphique plus grande). La copie se fait progressivement.

Exemple :

m ☐

– L'enseignant demande à un élève ce qu'on voit :
« La lettre "m" ; elle a trois ponts, le premier est plus court, il ne touche pas la ligne. »
Il invite les élèves à écrire la lettre.

– L'enseignant cache « m » et « on » dévoile « ais ».
Il précise : « On va attacher à la lettre "m" trois autres lettres : lesquelles ? »
Les enfants doivent répondre : « a », « i » et « s ».
L'enseignant donne la consigne : « Il faut les écrire sans s'arrêter. »
Il fait répéter le nom des lettres, les élèves observent. Puis ils écrivent.

☐ ais ☐

– L'enseignant cache « mais » et dévoile « on » en annonçant : « On va attacher les deux dernières lettres : lesquelles ? »
Les enfants doivent répondre : « o » et « n ».
Il faut les écrire sans lever le crayon.

on

• L'enseignant retire le cache, les enfants observent et relisent attentivement pour détecter leurs erreurs.

• L'enseignant ou un élève épelle le mot en montrant les lettres au tableau.

● Conseils

• Le découpage du mot à copier ne correspond pas nécessairement à la syllabe, mais à « ce qu'on doit écrire sans lever le crayon ».

• Le travail de chasse aux erreurs peut se faire à deux ou bien en échangeant les cahiers.

Copie différée (modèle caché)

Objectifs :	– Observer et analyser finement un mot. – Mémoriser et restituer des mots sans modèle. – Détecter ses erreurs et les corriger.
Organisation :	Travail individuel.
Matériel individuel :	1 cahier.
Matériel collectif :	– La phrase à copier écrite au tableau en écriture cursive. – Des fiches de bristol (ou caches en papier).

Déroulement

• L'enseignant fait lire la phrase silencieusement.

Exemple :
Le petit garçon joue au ballon dans le jardin.

• Il la fait lire à haute voix par plusieurs élèves, et s'assure de la bonne compréhension en interrogeant les élèves.

Exemples :
De qui parle-t-on ? Que fait le petit garçon ?

• L'enseignant fait observer le premier mot silencieusement. Il fait repérer le nombre de lettres, leur nom, la majuscule du début de phrase.

• L'enseignant cache le mot avec une fiche de bristol.

• L'élève écrit le mot de mémoire.

• La démarche est la même pour tous les mots de la phrase.

• Après la copie, l'enseignant retire tous les caches et fait procéder à une relecture attentive pour détecter les erreurs.

Conseils

• La relecture peut s'effectuer à deux ou bien les élèves peuvent échanger leur cahier.

• Lorsque les enfants sont familiarisés avec la copie différée mot par mot, l'enseignant entraîne les élèves à copier groupe de mots par groupe de mots.

Copie sélective

Objectifs: – Repérer ce qu'il faut sélectionner pour la copie.
– Organiser son travail de sélection.
– Copier sa production en utilisant le modèle.

Organisation: Travail individuel.

Matériel individuel: Le modèle reproduit sur le cahier ou sur une feuille individuelle à coller sur le cahier.

• Déroulements possibles

1. Sélectionner la ou les phrases exactes

• L'enseignant distribue aux enfants quatre phrases reproduites sur une feuille (en liaison avec les textes précédemment lus).

Exemple:

Voici quelques phrases en liaison avec La Petite Poule rousse.

1. La petite poule gratte dans la cour.
2. Elle trouve une perle.
3. Elle trouve un grain de blé.
4. Le canard veut bien semer le blé.

• Les élèves lisent les phrases silencieusement.

• L'enseignant demande à un ou deux élèves de lire les phrases à haute voix.

• Les enfants sont invités à ne copier que les phrases qui sont vraies par rapport à l'histoire lue (dans l'exemple de la poule rousse: seulement les phrases 1 et 3). Avant de les copier, l'enseignant s'assure que tous les élèves ont fait le bon choix.

2. Sélectionner des mots suivant un critère lexical

• Une liste de mots (en contenant certains qui appartiennent au même champ lexical) est distribuée aux élèves.

Exemple:
chat - rouge - école - vert - jaune - bateau - voiture - bleu - orange - livre

• Les élèves lisent les mots silencieusement.

• Un ou deux élèves les lisent à haute voix.

• L'enseignant demande aux enfants de copier seulement les mots qui indiquent une couleur. La sélection est validée par l'enseignant (et les autres élèves) avant le travail de copie.

3. Sélectionner des mots suivant un critère phonologique

• Une liste de mots contenant des graphies et sons proches est distribuée aux élèves.

Exemple :
un loup - la rue - un pou - une roue - une moule - la lune - une bulle - une boule - une mule

• Les élèves lisent les mots silencieusement.

• Un ou deux élèves les lisent à haute voix.

• L'enseignant demande aux enfants de copier seulement les mots dans lesquels on entend [u]. La sélection est validée par l'enseignant (et les autres élèves) avant le travail de copie.

Conseils

• Suivant la période de l'année et le niveau des élèves, l'enseignant peut ne pas faire oraliser mais laisser les enfants faire leur recherche silencieusement.

• En début d'année scolaire, l'enseignant peut prévoir une seule phrase à copier parmi trois phrases proposées. Le nombre de phrases sera augmenté en cours d'année.

• L'enseignant aide les élèves à organiser leur travail pour faciliter la copie en faisant :

– barrer les phrases fausses ;

– entourer les mots à copier ;

– barrer ceux que l'on a déjà copiés.

• La correction peut s'effectuer à deux ou bien les élèves peuvent échanger leur cahier.

Copie-transcription

Objectifs:
- Copier sa production en utilisant le modèle.
- Mémoriser la correspondance script/cursive.
- Attacher les lettres d'un même mot.
- Détecter ses erreurs et les corriger.

Organisation: Travail individuel.

Matériel individuel:
- 1 petit texte de quelques lignes en script (en lien avec les textes déjà étudiés).
- 1 cahier d'écriture.
- Aide: 1 alphabet individuel écrit en minuscules et en majuscules, en script et en cursive (à coller sur les tables ou à glisser dans un sous-main transparent).

Déroulement

• L'enseignant distribue le texte aux élèves (pas plus de deux ou trois courtes phrases en écriture scripte).

• Les élèves le lisent silencieusement.

• Plusieurs d'entre eux le lisent à haute voix.

• L'enseignant s'assure de la compréhension du texte par tous.

• Il fait recopier sur le cahier le texte en écriture cursive. Les élèves disposent de leur alphabet individuel pour s'aider.

• Chaque élève relit son texte une fois recopié et détecte ses propres erreurs. L'enseignant passe dans les rangs pour contrôler.

Conseils

• Veiller à ce que le texte soit écrit suffisamment gros (corps 14 au minimum).

• Préférer un modèle individuel sous les yeux à un modèle collectif au tableau.

• Cette activité difficile ne sera systématisée qu'à partir de la quatrième ou cinquième période; dans un premier temps, proposer cette activité pour évaluer l'enfant dans sa maîtrise de la correspondance script/cursive.

Dictée à l'adulte

Objectifs :	– Émettre des idées et les organiser. – Élaborer un texte court, logique et cohérent, qui résume l'essentiel. – Respecter la chronologie d'un récit. – Produire un texte à l'oral en tenant compte des contraintes de l'écrit. – Reformuler son énoncé.
Organisation :	Travail collectif.
Matériel collectif :	Tableau ou feuille de *paper-board*.

• Déroulement

• L'enseignant annonce la consigne de l'activité (l'album à résumer a déjà été vu en classe).

Exemple :
« Nous allons écrire un résumé de l'album Ah ! Les bonnes soupes *de Claude Boujon (l'école des loisirs, 1996) pour présenter cet album à une autre classe sans dévoiler la fin et donner à vos camarades l'envie de lire le livre. »*

• L'enseignant fait rappeler oralement les éléments essentiels de l'histoire : le nom du personnage principal (la sorcière Ratatouille), ce qu'elle veut faire (elle veut préparer une soupe magique), pourquoi (pour devenir belle), ce dont elle a peur (s'empoisonner), ce qu'elle décide de faire (faire goûter la soupe à tous ses animaux).

• Chaque élève réfléchit individuellement à une phrase qui résume le début de l'histoire et lève le doigt pour faire sa proposition. Les autres élèves écoutent et réagissent. L'enseignant guide pour reformuler la phrase, pour l'améliorer.

• Lorsque la phrase est adoptée, l'enseignant la fait répéter par deux ou trois élèves.

• L'enseignant trace alors au tableau le schéma de la phrase (un trait par mot).

Exemple :
La sorcière Ratatouille veut devenir belle.

___ ________ ____________ ______ _________ ______ .

• Un élève va au tableau « relire » la phrase en montrant les traits.

• L'enseignant désigne un élève qui va lui dicter la phrase. Il écrit chaque mot sur le trait du schéma en le répétant en même temps à haute voix.

• Il relit la phrase entière avant de faire élaborer la suite.

• Le groupe classe procède de la même façon pour élaborer le résumé entier.

Exemple :
La sorcière Ratatouille veut devenir belle. Elle fabrique une soupe magique qu'elle fait goûter à tous ses animaux. Hélas, elle rate son effet !

Conseils

• L'enseignant veillera à faire introduire des mots connecteurs (*alors, car, hélas...*) qui ne sont pas familiers aux enfants.

• La dictée à l'adulte, pratiquée dès la maternelle, évolue au fur et à mesure que les compétences des élèves s'enrichissent. Progressivement, les enfants sont sollicités:

– pour rechercher dans les affichages des mots connus et les écrire;

– pour écrire des mots inconnus, mais qui sont accessibles.

• Cependant il est conseillé, pour la rédaction de textes longs, à l'enseignant d'écrire la majeure partie du texte afin de ne pas lasser les élèves (surtout ceux qui ont des difficultés).

Écrire des phrases à l'aide d'étiquettes

Objectifs : – Identifier des mots connus.
– Les organiser pour produire une phrase.
– Copier sa production en utilisant le modèle.

Organisation : Travail individuel (ou en binômes).

Matériel individuel : 1 jeu d'étiquettes-mots déjà utilisées (écriture cursive).

Matériel collectif : Les mêmes étiquettes en grand format pour affichage au tableau.

Déroulement

1. Lecture du stock de mots

• L'enseignant distribue les étiquettes, les fait placer en haut de chacune des tables et vérifie que chaque enfant les ait placées à l'endroit, face écrite bien visible.

Exemple :

Maman	va	en	ville
dans	un	chien	la forêt
Papa	Marie	à	l'école
J'ai	vu		

• Les élèves lisent silencieusement les étiquettes.

• L'enseignant fait rechercher les mots déjà rencontrés. Il les fait lire à haute voix : un élève lit un mot que les autres recherchent ; quand ils l'ont trouvé, ils le montrent sur la table.

• Pour chacun des mots, l'enseignant vérifie immédiatement auprès de chaque élève.

• Un élève est envoyé afficher l'étiquette géante au tableau.

• La démarche est la même pour tous les mots.

2. Production de phrases

<u>Oralement</u>

• Chaque enfant recherche individuellement une phrase. Il la propose oralement et vient la construire au tableau avec les étiquettes collectives, ou bien il vient la construire sans l'oraliser et propose à ses camarades de la lire.

<u>À l'écrit</u>

• Chaque enfant recherche individuellement une phrase. Il la propose avec ses étiquettes individuelles qu'il dispose sur sa table, l'enseignant passe vérifier, et une fois qu'elle est validée, l'élève copie sa phrase sur son cahier.

● Conseils

• Il est préférable de donner des étiquettes écrites en cursive pour faire recopier en cursive, et attendre que les élèves commencent à se familiariser à la correspondance script/cursive pour proposer uniquement des étiquettes en script.

• L'enseignant préparera à l'avance les jeux d'étiquettes dans des barquettes, des boîtes ou des enveloppes : cela fera gagner un temps considérable et évitera que les enfants ne s'agitent pendant la distribution du matériel.

• Il peut prévoir des jeux d'étiquettes de deux couleurs différentes pour éviter les mélanges entre deux voisins.

• Les élèves peuvent également utiliser un chevalet. Dans ce cas, l'enseignant préparera des étiquettes cartonnées et/ou plastifiées avec un aimant collé derrière.

• Suivant leur rythme, les élèves écriront une ou plusieurs phrases.

• Pour les élèves les plus en difficulté, l'enseignant produira la phrase avec l'enfant puis le guidera dans sa copie (en ne montrant qu'une étiquette à la fois, par exemple).

• On peut aussi organiser des ateliers de production de phrases en faisant travailler les élèves en binômes.

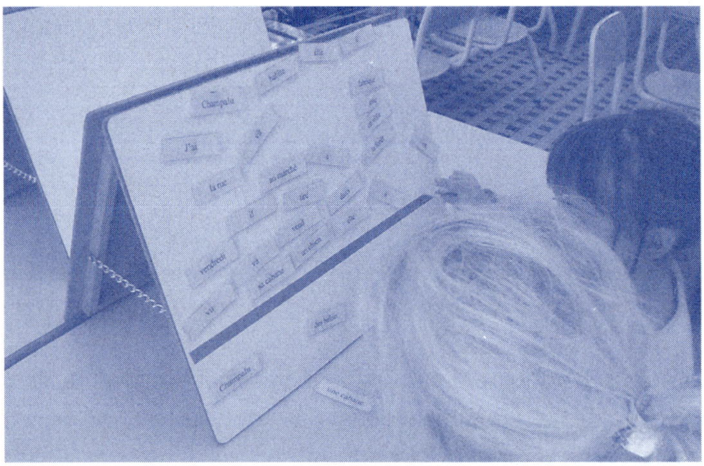

Exemple de réalisation avec un chevalet.

Écrire une phrase en s'aidant du schéma

Objectifs :
- Structurer sa pensée et organiser ses idées.
- Élaborer une phrase logique et cohérente.
- Segmenter son énoncé en mots.
- Produire une phrase à l'oral en tenant compte des contraintes de l'écrit.
- Mobiliser ses connaissances du code.
- Utiliser les outils de référence.

Organisation : Travail individuel.

Matériel individuel : 1 cahier d'essais.

• Déroulement

• L'enseignant annonce la consigne.

> *Exemple :*
> *Il s'agit de raconter par écrit ce qu'on a vu et fait lors de la sortie en forêt.*

• Collectivement, les élèves échangent leurs impressions et leurs expériences, l'enseignant écrit au tableau certains mots difficiles qui seront utiles aux enfants et qui ne sont ni connus ni affichés.

> *Exemple :*
> *forêt, champignon, feuille, châtaigne...*

• Puis les élèves réfléchissent individuellement à la phrase qu'ils veulent écrire. L'enseignant circule auprès de chaque enfant qui lui énonce la phrase qu'il souhaite écrire.

> *Exemple :*
> *Dans la forêt, j'ai ramassé trois feuilles et une châtaigne.*

• L'enseignant redit la phrase en schématisant par un trait les mots au fur et à mesure sur le cahier de l'élève.

_____ ___ _________, _'___ _____________ _______

__________ __ ____ ______________.

• Il relit la phrase en montrant les traits au fur et à mesure. Il fait remarquer à l'enfant où commence sa phrase (premier mot) et où elle se termine (dernier mot suivi du point).

• Il propose à l'enfant d'écrire le début : « Dans la forêt ». Il guide et encourage l'élève en lui donnant des pistes de recherche si nécessaire.

> *Exemples :*
> *Le mot « dans » est affiché sur le mur ; le petit mot « la », tu sais l'écrire ; le mot « forêt » est écrit au tableau ; etc.*

• Pendant que l'élève recherche et écrit, l'enseignant va voir d'autres élèves. Il revient régulièrement aider et vérifier l'avancement du travail des uns et des autres.

> *Exemple :*
> *L'enseignant revient auprès de l'enfant pour l'aider à écrire la suite de sa phrase. Il fait relire le début de la phrase : « Dans la forêt, j'ai ___________ … . »*
> *L'enfant ne sait pas écrire « ramassé », l'enseignant coupe le mot à l'oral. « Écris "ra" – c'est le début de radis –, puis attache "ma" – c'est le début de maman. » L'enseignant termine en rajoutant « ssé » qu'il écrira en rouge.*
> *Si le mot est trop difficile, il l'écrit en entier.*

• Lorsque les élèves ont terminé d'écrire leur phrase, chacun lit sa production à haute voix.

● Conseils

• Cette activité nécessite une aide importante des élèves, et donc une mobilisation constante de l'enseignant : il est par conséquent conseillé de travailler avec une demi-classe, pendant que l'autre moitié travaille en autonomie ou illustre la production d'écrit.

• L'enseignant écrit ses aides (mots entiers, syllabes, terminaisons, etc.) en rouge ; de cette façon, au fil de ses productions, l'enfant visualise ses progrès par la diminution des mots rouges.

• Le schéma tracé aide l'enfant à mémoriser sa phrase, à se situer dans son écriture et à acquérir la notion de mots.

• Si l'enfant ne sait pas écrire un mot, il « saute » le trait correspondant, de sorte qu'il ne restera pas bloqué en attendant l'aide de l'enseignant.

• Il ne s'agit pas non plus de tout afficher ou de tout écrire. L'enfant ne doit pas s'enfermer dans une démarche d'écriture globale ; au contraire, il faut l'encourager à écrire des mots qu'il n'a jamais rencontrés, mais qu'il est capable d'écrire, totalement ou en partie, grâce à ses connaissances (au risque de faire des erreurs).

Dictée réfléchie

Objectifs : – Analyser les mots à l'oral et essayer de les transcrire.
– Utiliser les outils de référence et ses propres connaissances lexicales.
– Développer le doute orthographique.
– Oser écrire sans craindre l'erreur.

Organisation : Travail individuel et collectif.

Matériel individuel : 1 cahier d'essais.

• Déroulement

• L'enseignant trace au tableau le schéma de la phrase.

Exemple :

La phrase a été élaborée en commun, suite à un débat sur la sécurité dans la rue :
« Avant de traverser la rue, je dois regarder à gauche et à droite. »

______ ____ ____________ ____ ______ , ___ ____ __________ ___

______________ _____ _____ _______________ .

• Deux ou trois élèves viennent au tableau répéter la phrase en montrant les traits.

• La recherche s'effectue individuellement sur le cahier d'essais, et progressivement (chaque mot, ou groupe de mots, l'un après l'autre).

• L'écriture des mots est, elle aussi, progressive. Collectivement, le groupe classe s'interroge : les élèves lèvent le doigt pour poser des questions et apporter des réponses.

Exemples :

– *« C'est lequel* [ã] *? » « C'est le "an" de maman ! »*
– *« Est-ce qu'il y a une lettre qu'on n'entend pas à la fin du mot "rue" ? » Etc.*

• Puis chaque élève écrit le mot ou le groupe de mots analysé. L'enseignant circule dans les rangs : il repère les erreurs, organise les remarques, répète certaines questions, gère les réponses, demande des précisions (« Comment s'écrit le "au" de gauche ? »), ou encore fait justifier telle lettre muette à la fin d'un mot, etc. Il préconise également l'utilisation des outils de référence.

• À la fin de chaque recherche, l'enseignant envoie des élèves écrire au tableau le mot ou le groupe de mot sur les traits. Les autres corrigent les erreurs.

• Conseils

• Il s'agit de s'interroger et de réfléchir **ensemble** à la façon dont les mots peuvent s'écrire et de justifier les réponses.

• L'enseignant doit adopter une attitude bienveillante afin que les élèves ne soient pas culpabilisés par les erreurs et osent écrire (par exemple, utiliser le mot « erreur » à la place du mot « faute »).

• La phrase peut être recopiée pour une mise au propre.

Dictée à trous

Objectifs : – Mémoriser des mots outils et les écrire.
– Utiliser les outils de référence mis à sa disposition.
– Lire un texte et trouver les mots manquants.
– Se relire pour trouver ses erreurs en comparant avec le modèle.

Organisation : Travail individuel et collectif.

Matériel individuel : 1 texte à trous reproduit sur une feuille individuelle.

Matériel collectif : Le même texte reproduit au tableau.

Déroulement

• Chaque élève reçoit un texte à trous.

Exemple :

Brr ! ________ fait froid. Cette nuit, ________ neige est tombée : tout est blanc. Léa met ________ manteau ___________ aller jouer ________ la neige. Avec son amie Julie, ________ fait ________ grand bonhomme ________ neige. Elle ________ met un chapeau ________ la tête. Comme il est rigolo !

Voici la liste de mots à dicter par l'enseignant : « il - la - son - pour - dans - elle - un - de - lui - sur. »

• L'enseignant lit une première fois le texte à haute voix, les élèves écoutent.

• Il fait une deuxième lecture, les élèves suivent avec le doigt.

• L'enseignant relit lentement le texte en s'arrêtant lorsqu'il manque un mot. Il dicte le mot manquant, un élève le répète puis les élèves l'écrivent seuls en silence.

• Lorsque la dictée est terminée, l'enseignant ou un élève (suivant les compétences des enfants) relit le texte.

• La correction est collective : des élèves viennent écrire au tableau les mots, les autres corrigent d'une couleur différente sur leur feuille.

Conseils

• Il est important de laisser une place suffisante dans le texte, pour écrire le mot manquant et de prévoir des lignes pour guider les élèves.

• Afin de faciliter la correction collective, l'enseignant aura pris soin de reproduire le texte à trous au tableau avant la dictée.

• Les textes et les mots de référence affichés dans la classe ne doivent pas être cachés : certains enfants ont déjà beaucoup de difficultés à mémoriser les mots et à les retrouver dans les affichages. Ainsi, la liste des mots peut être également donnée en désordre pour les élèves les plus en difficulté (liste individuelle).

• L'enseignant peut faire repérer, au moment de la correction, à quel endroit on pouvait trouver le mot dans les affichages.

• Il est nécessaire d'exiger des élèves que le mot mal écrit soit récrit en entier (ne pas se contenter de rajouter une lettre, par exemple).

Variantes

• Suivant les compétences des élèves et la période de l'année, l'enseignant peut faire pratiquer la lecture à haute voix par les enfants.

• Il peut aussi demander aux élèves de trouver le mot qui manque et de le dire à haute voix (il peut donner dans ce cas la liste de mots dans le désordre).

Élaborer à l'écrit une chaîne de mots

Objectifs :	– Faire fonctionner le principe de la combinatoire. – Travailler sur les paires minimales. – Mettre en relation le changement d'une lettre et le changement de signification du mot. – Écrire la chaîne de mots constituée.
Organisation :	Travail individuel.
Matériel individuel :	1 cahier d'essais ou 1 ardoise. → *Pour l'enseignant : voir les chaînes de mots proposées en annexe, pp. 154-157.*

Déroulement

1re démarche

• L'enseignant donne un mot connu des élèves.

> *Exemple :*
> *« poule ».*

• Les élèves essaient individuellement d'écrire le mot, puis l'enseignant l'écrit au tableau (très lisiblement en cursive).

• L'enseignant fait relire le mot par un ou plusieurs élèves. Puis il propose un changement et interroge le groupe classe.

> *Exemple :*
> *« Que faut-il changer au mot "poule" pour écrire le mot "boule" » ?*

• Avant d'écrire, les élèves réfléchissent et doivent formuler à haute voix leur réponse de manière très explicite. Plusieurs types de réponses peuvent être proposés, suivant le niveau d'analyse atteint par les enfants.

> *Exemples :*
> *« On retire le morceau "pou" et à la place on écrit "bou". »*
> *« On retire la syllabe "pou" et on la remplace par la syllabe "bou". »*
> *« On écrit un [b] à la place du [p]. »*
> *« On remplace la lettre "p" par la lettre "b". »*

• Puis les enfants écrivent chacun de leur côté ; l'enseignant circule pour vérifier, observer les démarches, les difficultés, etc.

• Un élève est désigné pour aller écrire le mot au tableau, sous le mot « poule » (pour constituer une liste).

• L'enseignant fait ensuite relire les deux mots puis le groupe classe continue de la même façon pour la suite. La liste est ainsi obtenue (cinq ou six mots le plus souvent).

> *Exemple :*
> *poule*
> *boule*
> *coule*
> *roule*
> *moule*

2e démarche

Le principe est sensiblement le même puisque les élèves, là encore, sont sollicités pour une recherche individuelle écrite, puis une mise en commun avec écriture au tableau.

La démarche diffère au niveau de la présentation de l'enseignant.

• L'enseignant propose le premier mot (connu) de la liste.

> *Exemple :*
> *« sapin ».*

• Les élèves écrivent le mot, puis l'enseignant l'écrit au tableau.

• Il explique alors le changement qu'il va opérer.

> *Exemple :*
> *« Si je retire la lettre "s" qui fait entendre* [s] *et que j'écris à la place la lettre "l" qui fait entendre* [l], *quel nouveau mot j'obtiens ? »*

• Les enfants font leur proposition oralement d'abord, puis un élève répète ce qu'il faut faire avant d'écrire.

> *Exemple :*
> *« On met un "l" à la place d'un "s". »*

• Tous écrivent le mot obtenu : « lapin ». Un élève est envoyé au tableau pour l'écrire.

• Le groupe classe continue de la même façon pour la suite. À la fin de la séance, une liste est ainsi obtenue, écrite sur le cahier.

> *Exemple :*
> *sapin*
> *lapin*
> *latin*
> *satin*
> *matin*
> *marin*
> *malin*

• Conseils

• Il est souvent nécessaire que l'enseignant récrive le mot à côté du mot écrit par l'enfant, en plus gros et plus lisiblement.

• L'enseignant fait ajouter après, ou au fur et à mesure, « le petit mot qui s'écrit devant pour accompagner le mot » (le déterminant).

• Dans tous les cas, l'enseignant veille à ce que la formulation soit correcte, et ne laisse pas s'entretenir une confusion entre « lettre », « son » et « syllabe ».

• L'enseignant, lui aussi, doit s'appliquer à expliciter et à utiliser les mots à bon escient (même si la formulation peut paraître longue...).

• L'enseignant peut sans problème utiliser l'expression « morceau de mot » pour remplacer le mot « syllabe », surtout en début d'année scolaire.

• Dès le début d'année, l'enseignant peut commencer par des mots simples pour familiariser les élèves au principe de la combinatoire, même si les sons consonnes ne sont pas tous connus. Les enfants se débrouillent très bien, et l'entraide fonctionne de manière efficace.

> *Exemple :*
> *Partir d'un petit mot connu «* ***ma*** *» en l'accompagnant à l'oral d'un mot (par exemple : «* ***ma*** *table »)*
> *et faire écrire* ***la*** *(table),* ***ta***, ***sa****...*

• Variante

Les deux démarches peuvent être utilisées pour élaborer une même liste.

65

Transformer des mots et des phrases

Objectifs:
- Découvrir des règles de dérivation (préfixes, suffixes).
- Expliquer la présence de certaines lettres muettes.
- Enrichir son vocabulaire.
- Se sensibiliser à l'orthographe et à la grammaire (préparation à l'ORL, cycle 3): transformations du genre et du nombre, accords sujet-verbe (sans considérations théoriques).

Organisation: Travail collectif, tout au long de l'année.

• Pistes d'exploitation

Ce travail d'observation est conduit de façon régulière, tout au long de l'année. Un travail oral peut précéder la phase d'écriture.

Les enfants font des remarques qui peuvent être notées par l'enseignant sur une liste affichée, qui s'enrichit au fil du temps et qui est consultée régulièrement.

1. S'entraîner à écrire des mots transformés

• Lors de l'étude de la graphie « eu », l'enseignant peut faire observer le changement de prononciation des lettres « eur »/« euse » et faire trouver d'autres mots qui fonctionnent sur le même principe.

Exemples:
le coiffeur → la coiffeuse
le nageur → la nageuse
le menteur → la menteuse
le chanteur → la chanteuse
le voleur → la voleuse

• À partir du nom d'un animal, l'enseignant fait trouver le nom du petit.

Exemples:
chat → chaton
aigle → aiglon
girafe → girafon
âne → ânon

• À partir d'un mot, l'enseignant fait trouver des mots de la même famille pour justifier la lettre muette de la fin.

Exemple:
dent - dentiste - dentifrice - dentier

• À partir d'un mot, les élèves sont amenés à écrire un mot avec le suffixe « -ette » (diminutif).

Exemples :
maison → maisonnette *table → tablette*
savon → savonnette *fille → fillette*

2. S'entraîner à écrire des phrases transformées

• Lors de la copie quotidienne du travail à faire à la maison, les élèves sont amenés à écrire des consignes courtes récurrentes, qui varient en fonction du nombre, du genre... L'enseignant annonce les changements nécessaires et vérifie qu'ils ont bien été effectués.

Exemple :
Les enfants écrivent « lire page 5 », puis le lendemain « lire pages 5 et 6 ».

• Lors d'une activité de production individuelle, l'enseignant dicte une phrase pour les filles et une pour les garçons, construites sur la même structure.

Exemple :
Les filles doivent écrire « je suis partie » et les garçons « je suis parti » ou encore « elle est grande » et « il est grand ».

• Au fil des lectures, l'enseignant ne manquera pas de faire observer la forme de verbes conjugués fréquemment rencontrés.

Exemple :
« il joue » et « ils jouent ».

• Conseils

• Dans les affichages, l'enseignant peut utiliser deux couleurs différentes : une pour les filles et une pour les garçons.

• Il s'agit d'une observation continue et non pas d'une leçon de grammaire sur le genre et le nombre : l'enseignant se contentera de dire, par exemple, qu'il faut mettre un « s » parce qu'il y a plusieurs pages à lire, sans même prononcer les mots « singulier » et « pluriel ».

66

Écrire des productions courtes

Objectifs:
- Produire une phrase à l'oral en tenant compte des contraintes de l'écrit.
- Répondre par écrit à une question écrite.
- Prendre modèle sur une structure de base.
- Segmenter son énoncé en mots.
- Mobiliser ses connaissances du code.
- Utiliser ses outils de référence.

Organisation: Travail individuel et collectif.

Matériel individuel: Tableau ou feuille de *paper-board*.

● Exemple de déroulement

• L'enseignant affiche au tableau trois dessins (ou les a préalablement dessinés au tableau), par exemple: *coussin*, *sapin*, *cochon*. Il laisse les élèves observer.

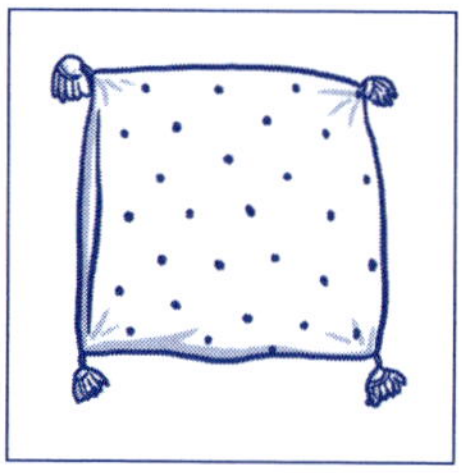

Puis il demande à un élève de nommer ces trois dessins.

• L'enseignant écrit au tableau, sous les dessins, les mots: *coussin*, *sapin*, *cochon*. Puis il écrit une question, par exemple: « Quelle place occupe le cochon ? »

• Les élèves lisent silencieusement la question, l'un d'eux la lit à haute voix.

• L'enseignant explique aux élèves qu'ils doivent écrire une phrase pour répondre à cette question.

Il trace le schéma de la phrase (un trait par mot). Les mots « occupe », « première », « deuxième » et « troisième » peuvent être donnés suivant la période de l'année et le niveau des élèves. Il fait rappeler que la phrase commence par une majuscule et se termine par un point.

___ _____ occupe ___ ________ _____.

• Sur leur cahier d'essais, les élèves écrivent la phrase « Le cochon occupe la troisième place. » L'enseignant passe dans les rangs pour vérifier ou aider si nécessaire.

• L'enseignant affiche alors un autre schéma de phrase à écrire : « Le coussin occupe la première place. » La procédure est similaire.

___ ______ occupe ___ _________ ______.

Il en est de même pour la troisième phrase : « Le sapin occupe la deuxième place. »

___ ______ occupe ___ _________ ______.

• Autres pistes de productions courtes

On peut utiliser la même démarche qui consiste à schématiser les mots par un trait pour fournir à l'enfant un guide (en donnant quelques mots, selon la période de l'année et le niveau des élèves).

1. Écrire des phrases en réponse à une situation-problème en mathématiques.

> *Exemple :*
> *Combien maman a-t-elle dépensé ?*
> Maman a dépensé 28 euros.
> ______ __ ______ __ ____

2. Écrire des consignes simples.
3. Écrire des règles simples d'un jeu.
4. Écrire la liste d'ingrédients ou de fournitures pour réaliser une fabrication.
5. Écrire des définitions de mots croisés.
6. Trouver un titre à un livre.
7. Remplir une fiche de renseignements individuels.
8. Rédiger une carte de vœux pour la nouvelle année.
9. Rédiger l'adresse sur l'enveloppe.
10. Écrire des phrases en réponse à de petites questions.
11. Écrire un titre pour sa production en arts plastiques (dessin, sculpture…).
12. Écrire les légendes d'une bande dessinée muette.

13. Utiliser les dialogues d'un texte narratif pour compléter les bulles de la bande dessinée correspondante.

Exemple:
Histoire de « La Petite Poule rousse ».
Après lecture de l'histoire, proposer aux élèves les dessins des personnages (poule, dindon, canard) et des bulles vierges dans lesquelles ils écriront les paroles des personnages. Le travail peut se faire en binôme, chaque enfant ayant le dessin de la poule et d'un personnage qui lui répond.

14. Écrire un compte rendu d'expérience.

Exemples:
– Suivi de l'évolution de la germination de graines, de bulbes, etc.
– Compte rendu d'expérience sur la transformation de l'eau en glace, sur les objets qui flottent et qui coulent, etc.
– Écriture des légendes d'un schéma de sciences (les noms des différentes parties du corps, etc.).

15. Réaliser des fiches technologiques de fabrication (d'un gâteau, d'un petit objet, d'une carte en relief pour Noël, etc.).

16. Écrire des légendes de photos suite à une sortie scolaire.

Exemples:
– Visite chez le boulanger.
– Visite à la ferme.
– Promenades dans la forêt, etc.

17. Écrire la suite d'une comptine proposée par l'enseignant.

Exemples:
– Qui a sali mon tapis? C'est la souris.
Qui a mangé............. ? C'est ....
– Rue Maurice Carême, j'ai acheté un pot de crème.
Rue Pablo Picasso, on m'a volé mon ....

18. Écrire la suite d'un poème.

Exemples:
« La méchante poupée » de Maurice Carême
Je ne veux pas aller
jouer dans le jardin,
Je ne veux pas ....

« Dans Paris » de Paul Éluard
Dans Paris, il y a une rue,
Dans cette rue, il y a ....

19. Écrire des mots bizarres.

Les enfants sont très imaginatifs pour inventer des mots bizarres. L'enseignant peut motiver cette activité de création de pseudo-mots en leur demandant:

– de parler comme un extra-terrestre (à la manière du Patou dans l'histoire de *Dame Coca* d'Anne-Marie Chapouton, Magnard);

– de parler comme s'ils avaient attrapé « La drôle de maladie » (→ *voir activité 15, p. 36*);

– de parler comme la cliente de « Un monde de fou » (de F. Fontaine et S. Devaux, éditions SED);

– de donner un nom à un animal extraordinaire inventé en arts plastiques dans le cadre d'un découpage de silhouettes d'animaux.

> *Exemples :*
> *– Trompe d'éléphant, cou de girafe et pattes de canard forment un superbe « éléginard ». Les noms des animaux d'origine sont écrits, lus et découpés en syllabes pour réutiliser seulement une partie du nom :* ***élé****phant -* ***gi****rafe - ca****nard****.*
> *– Un* ***kangou****rou avec des ailes de pap****illon*** *donnera un « kangouillon ».*

Écrire un long récit à structure répétitive

Objectifs:	– Rechercher des mots qui riment. – Élaborer un récit cohérent avec un début et une fin. – Produire une phrase ou un texte à l'oral en tenant compte des contraintes de l'écrit. – Prendre modèle sur la structure de base. – Segmenter son énoncé en mots. – Mobiliser ses connaissances du code. – Utiliser ses outils de référence.
Organisation:	Travail individuel et collectif.
Matériel individuel:	1 cahier d'essais.
Matériel collectif:	– Tableau ou feuille de *paper-board* (pour l'activité 1). – Le début d'un texte à structure répétitive (pour l'activité 2). – Le dessin des personnages correspondant au texte étudié (pour l'activité 2).

• Déroulements possibles

1. Écrire un texte avec des mots contenant un son récurrent

• Collectivement, les élèves recherchent des mots contenant le même son. Au fur et à mesure, l'enseignant écrit les mots au tableau.

> *Exemple:*
> *Mots contenant le son* [u]*: « loup - doudou - coucou - joujou - pou - fou - trou - tour - cour - four... »*

• Il annonce aux élèves qu'ils vont écrire ensemble une histoire avec ces mots. Il « lance » l'activité d'écriture en écrivant le début de l'histoire.

> *Exemple:*
> *« Loulou, le petit loup a perdu son doudou. Il va dans la tour: pas de doudou !*
> *Il va ______ ______ ______ pas de doudou !*
> *Il ______ ______ ______ ______ ______ ____ ______ . »*

• Les élèves lisent silencieusement puis un ou deux élèves lisent à haute voix la première phrase.

• Oralement, les élèves font leurs propositions pour la suite, puis ils se mettent d'accord sur la phrase à écrire.

• Le travail d'écriture peut être mené en dictée à l'adulte, en recherche par deux ou individuellement pour les élèves les plus performants.

• L'enseignant fait relire fréquemment le texte en cours d'élaboration.
• Les élèves viennent au fur et à mesure écrire la suite du texte au tableau.
• Le texte achevé sera recopié sur ordinateur, par exemple.

Un élève vient écrire la suite du texte validée collectivement au tableau.

2. Écrire un texte en liaison avec l'alimentation et les légumes

• L'enseignant lit le début de l'histoire.

> **Grigri le petit escargot**
>
> Comme tous les matins, Grigri, le petit escargot se réveille. Il déplie une corne puis l'autre, et il avance lentement dans le jardin.
> Il aimerait bien prendre son petit déjeuner. Il aperçoit une grosse laitue, il tourne les yeux et voit alors une grosse scarole et puis, plus loin, une rangée de batavias…
> « De la salade, encore de la salade, toujours de la salade, j'en ai assez de manger de la salade, je vais quitter ce jardin pour trouver autre chose à manger ! »…

• La recherche est collective : il s'agit de choisir les lieux où l'escargot va se rendre et les personnages qu'il va rencontrer.
• L'enseignant écrit la liste au tableau, élaborée avec les élèves.

Exemples :
– La ferme → une vache, un cheval, un cochon…
– La forêt → un écureuil, un hérisson…
– La montagne → un ours, un loup…
– Au bord de la rivière → un poisson, un héron…

• Oralement, une recherche d'idées de dialogues entre l'escargot et les autres animaux est effectuée. L'enseignant fait adopter une structure répétitive pour aider les élèves.
• Puis le travail d'écriture se réalise par groupes de deux. L'enseignant distribue à chaque binôme deux bulles vierges, le dessin du petit escargot et d'un autre animal sélectionné.

Les deux élèves se mettent d'accord sur la répartition du travail d'écriture : l'un écrit dans une bulle ce que dit l'escargot, et l'autre écrit dans l'autre bulle ce que répond l'animal choisi.

• Tous les animaux seront répartis dans les binômes.

• Ce premier jet d'écriture est corrigé et recopié sur une feuille.

• Conseils

• Pour l'activité 1, l'utilisation d'un *paper-board* permet de conserver le texte sur plusieurs séances.

• Pour l'activité 2, il faudra prévoir suffisamment d'animaux pour que chaque binôme puisse en avoir un différent.

• Toujours pour cette activité, on peut envisager une fin heureuse et une fin malheureuse (dans laquelle l'escargot se fait manger, par exemple).

• Prolongements à l'activité 2

• Les textes recopiés sont collés puis illustrés afin de réaliser un album.

• Chaque scène écrite peut être réalisée en arts plastiques (comme le montre la photo ci-dessous).

Acquisition du vocabulaire lié à l'écrit

Objectifs: – Comprendre et intégrer les notions exactes: ligne (en liaison avec la géométrie), phrase, mot et espace entre deux mots, lettre et son.
– Se repérer dans l'espace de la feuille.
– Adopter le sens conventionnel de l'écriture.

Organisation: Travail individuel et collectif.

Matériel individuel: 1 cahier d'essais.

Matériel collectif: – 1 feuille blanche non lignée.
– 1 feuille blanche lignée.
– 1 feuille blanche non lignée sur laquelle on a tracé une ligne courbe (en forme d'escargot par exemple).
– 1 texte de 3 ou 4 phrases.

• Déroulements possibles

1. Faire la différence entre ligne et phrase

• Sur une feuille non lignée, l'enseignant fait dessiner une ligne droite à main levée, fait repérer le sens du tracé par une flèche; il fait dessiner une croix au début de la ligne et un gros point à la fin.

→
X •

• Le travail se poursuit sur une feuille lignée (cinq ou six lignes).

Sur cette feuille, l'enseignant amène les élèves à:
– compter le nombre de lignes;
– dessiner une croix rouge au début de chaque ligne et un point bleu à la fin de chaque ligne;
– repasser en couleur les lignes.

• L'enseignant propose un texte écrit sur une feuille blanche et fait suivre les lignes avec le doigt. Il invite les élèves à :
– numéroter les lignes du texte ;
– surligner d'une couleur différente chaque phrase ;
– compter le nombre de phrases.

• Sur une feuille portant le tracé d'une ligne courbe (par exemple en forme d'escargot), l'enseignant fait écrire une phrase sur la ligne courbe.

> *Exemple :*
> *« Le petit escargot mange de la salade. »*

2. Faire la différence entre mot, phrase et texte

• L'enseignant distribue à chaque élève un petit texte de trois ou quatre phrases, qu'il écrit au tableau.

> *Exemple :*
> *Tous les mercredis, Paul va au bord du lac avec son grand-père. Il n'oublie jamais son petit sac rempli de pain dur. Dès qu'il arrive, les canards s'approchent ; alors il lance ses morceaux de pain.*

• L'enseignant fait lire le texte silencieusement puis à haute voix ; il fait repérer le début et la fin du texte.

• Les élèves repassent en rouge les majuscules (on distinguera la majuscule de début de phrase et la majuscule du prénom Paul, par exemple en surlignant cette dernière) et repassent en bleu les points.

• Ils comptent les phrases et les lignes.

• L'enseignant lit ou fait lire à haute voix la première phrase et fait souligner chacun des mots qui composent la phrase. Puis il fait compter le nombre de mots dans la phrase.

• Les élèves reconstituent le texte en remettant dans l'ordre les phrases écrites sur des étiquettes. Ils peuvent faire de même avec une phrase dont les mots sont écrits sur des étiquettes.

• Sur le texte, l'enseignant fait entourer un mot (ou une phrase) qu'il a lu ou qu'un élève a proposé.

3. Faire la différence entre lettre et son

L'enseignant veillera au quotidien à utiliser les termes exacts et à les faire employer par les élèves.

> *Exemple :*
>
> *Dans le mot « chapeau » :*
> *– On coupe le mot en deux morceaux (ou syllabes, selon le niveau des élèves) :* cha - peau.
> *– La lettre « c » et la lettre « h » sont mariées pour faire entendre le son (bruit)* [ʃ].
> *– Les lettres « e », « a », « u » sont mariées pour faire entendre le son* [o].

69

Enrichissement lexical autour de la découverte du monde

Objectifs:
- Comprendre et utiliser les termes exacts.
- Enrichir son vocabulaire.
- Classer le vocabulaire disponible.

• Déroulements possibles

1. À l'occasion de lecture d'histoires à haute voix

• Au cours de la lecture, l'enseignant apporte des informations supplémentaires et reformule des expressions ou des mots « difficiles ».

• À l'issue de l'histoire, il sélectionne trois ou quatre mots nouveaux qui viennent d'être entendus, il les fait expliciter. L'enseignant écrit les mots sur une affiche qui sera conservée, et relue régulièrement lors des relectures de l'histoire.

• Les affiches sont enrichies de mots et expressions rencontrés au fil d'autres lectures.

• Une liste de qualités et de leur contraire est progressivement élaborée.

> *Exemple:*
> *laid/beau; laide/belle; gentil/méchant; gros/maigre; grand/petit; lourd/léger; fort/faible; mince/épais; etc.*

2. À l'occasion de sorties ou d'activités

• Des mots (noms, verbes) se rapportant à un thème d'étude ou d'activité sont collectés.

• Des familles peuvent être créées et enrichies à partir des mots collectés (ce peut être l'occasion d'un travail sur les dérivations).

• Les mots rencontrés sont réutilisés dans d'autres contextes.

> *Exemples:*
>
> – ***À la piscine:*** *la natation, le maître nageur, une bouée, le pédiluve, le bassin, le plongeoir, etc.; je nage, je saute, je coule, je flotte, je plonge, etc.*
>
> – ***Activité jardinage:*** *un bulbe, une graine, une plante, un arrosoir, une pelle, un râteau, etc.; je sème, je plante, je replante, je désherbe, j'arrose, etc.; la plante pousse, grandit, fleurit, etc.*
> *Des mots de la même famille que « plante » sont recherchés: planter, plantoir, déplanter, replanter, plantation, etc.*

3. À l'occasion d'activités scientifiques et technologiques

• L'enseignant fait collecter les noms des matières usuelles, il fait réaliser un affichage illustré par des échantillons.

> *Exemple :*
> *verre, bois, plastique, métal, papier, carton, polystyrène, etc.*

• Il fait créer une affiche récapitulant les consignes utilisées en classe, en les illustrant d'un dessin.

> *Exemple :*
> *colorie, entoure, souligne (trace une ligne sous le mot), surligne (trace une ligne sur le mot), découpe, complète, relie, relis, etc.*

● Conseils

• Afin d'éviter la confusion entre « relie » et « relis », utiliser l'expression « relie d'un trait ».

• Créer un petit « cahier de mots » individuel pour collecter les mots rencontrés, qui sera enrichi au CE1.

Découverte de livres et d'albums

Objectifs:

- S'habituer à fréquenter les livres.
- Découvrir et distinguer les différents supports.
- Acquérir le goût de lire.
- Créer une première culture littéraire.

• Pistes d'exploitation

1. Aménager un petit coin lecture dans la classe

• Ce coin lecture doit être confortable, accueillant et présenter les livres, couverture visible.

• Il est important de classer les livres de façon à ce que les enfants distinguent bien les divers supports et qu'ils aient une notion des différents genres: albums, dictionnaires, revues, documentaires, recueils de poésie…

• L'enseignant organise sa fréquentation en accès libre quand l'élève a terminé son travail, mais aussi prévoit dans l'emploi du temps des plages horaires de fréquentation du coin lecture (dans le cadre d'un travail en ateliers, par exemple), de façon à ce que tous les enfants puissent fréquenter les livres (y compris les plus lents).

2. Aménager un atelier sonothèque

• L'enseignant utilise un répartiteur et quatre à six casques.

• Pour enrichir la sonothèque:

– certains éditeurs proposent des abonnements à des livres accompagnés d'un CD ;

– l'enseignant peut aussi enregistrer quelques petits livres très simples ne comportant qu'une phrase par page (il peut confier l'enregistrement de la lecture à des élèves de cycle 3).

Les élèves sont installés en groupes de quatre à six (prévoir un livre pour deux, soit deux ou trois livres du même titre). Ils sont amenés à développer une écoute attentive.

3. Multiplier les lectures offertes

L'enseignant lit régulièrement des histoires.

4. Élaborer un cahier de littérature

L'enseignant peut y faire figurer une reproduction de la couverture du livre, le nom de l'auteur, le titre, un petit résumé du début de l'histoire élaboré en commun, et l'avis personnel de l'enfant (activité de production écrite). Ce cahier comportera les albums de littérature découverts en classe et sera enrichi lors de l'année du CE1.

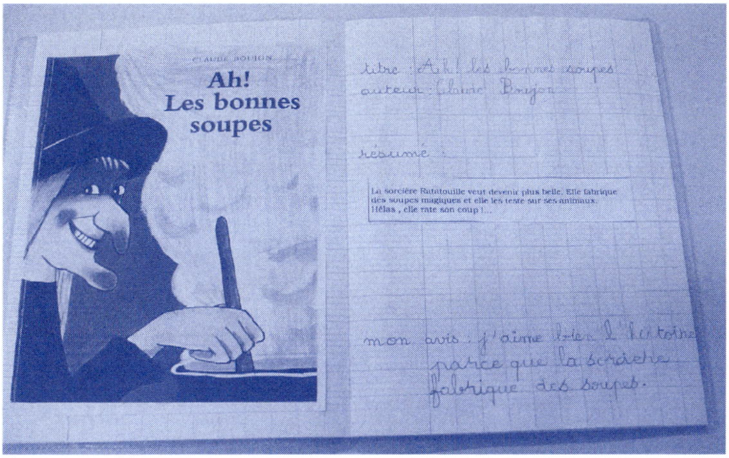

Exemple de cahier de littérature.

5. Favoriser la lecture autonome

La lecture autonome doit être incitée le plus tôt possible. Aussi l'enseignant n'hésitera pas à favoriser l'emprunt de livres dans la bibliothèque de classe, puis à échanger sur le livre lu individuellement. Ce sera l'occasion de faciliter la prise de parole et la discussion collective (questionnement des autres élèves, comparaison avec des histoires déjà rencontrées, etc.).

Les élèves pourront venir lire devant leurs camarades un petit album qu'ils auront préparé seuls ou à deux.

Annexes

• Remarque

Les mots sélectionnés ont été volontairement choisis pour que les syllabes communes s'écrivent de la même façon (en excluant les rimes orales uniquement), afin de pouvoir les utiliser à l'écrit sans problèmes et d'enrichir le vocabulaire et l'orthographe des enfants. Avant d'utiliser les listes, l'enseignant s'assure que les mots sont bien compris et les explique si nécessaire (notamment ceux marqués d'un astérisque*).

Listes de mots ayant la même syllabe d'attaque

ba	balai	bateau	ballon	banane
ca	cabane	carotte	cage	cadeau
da	date	dame	dalle	dalhia*
fa	farine	face	fagot*	famille
ga	gâteau	galette	gare	garage
la	lavabo	lama*	lacet	lapin
ma	maman	magicien	maçon	machine
na	natte	nappe	nage	narine
pa	parapluie	parasol	papa	page
ra	radis	râteau	rame	radio
sa	sapin	salade	sabot	sable
ta	table	tableau	tasse	tapis
va	vache	valise	vague	vase
cha	chapeau	chasse	chaton	chariot
bi	bidon	biche	biberon	bisou
ci	citron	cigogne	cinéma	ciment
di	dimanche	dizaine	directeur	disque
fi	filet	ficelle	figue	fiche
gi	girafe	gigot	girouette	gitan
li	lit	lime*	livre	ligne
mi	midi	mille	mimosa*	minute
ni	niche	nid	niveau	
pi	pipe	pigeon	pile	pilote
ri	rideau	riche	ride	rivière
si	sifflet	sixième	signe	signature
ti	tige	tigre	ticket	tirelire
vi	ville	vie	vidéo	vigne
chi	Chine	chinois	chiffon	chiffre
bu	bulle	bûche	bureau	butte

cu	cube	culotte	curé	cuvette
du	dune	duvet	durée	duvet
fu	fumée	fusée	fusil	futur
ju	jupe	jumelle	jumeau	jument
lu	lune	lunette	luge	lumière
mu	muet	mule	muguet	musique
nu	nuage	numéro	nuit	nuque
pu	punition	puce	publicité	purée
ru	rue	ruche	rugby	russe
su	sucre	sucette	super	
tu	tulipe	tube	tunnel	tutu
bo	bocal	bonnet	bobine	botte
co	copain	colle	coffre	cochon
do	domino	docteur	dormir	dos
go	gomme	golf	gorille	gorge
lo	lot	loto	locomotive	losange*
mo	mollet	mobile	monnaie	molaire
po	poche	pochette	poésie	potiron
ro	robinet	rocher	robot	rose
so	soleil	solide	sonnerie	somme
to	toboggan	tomate	tonneau	torrent
vo	volant	voter	volet	voleur
ban	banc	banque	bande	bandit
can	cantine	cancre*	cancer	
dan	dans	danger	danse	
fan	fantôme	fanfare		
gan	gant	gantier	gangster	
lan	langue	lance	lanterne	
man	manteau	mandarine	mangue*	manche
pan	pantalon	panthère	pantoufle	pansement
ran	rang	rangée	randonnée	
san	sang	sandale	sanglier	santé
boi	boîte	boisson	boire	boiteux
coi	coiffeur	coiffer	coiffure	
doi	doigt	doigté*		
foi	fois	foie	foire	
moi	mois	moisson	moitié	moisi

noi	noix	noisette	noir	
poi	poire	poisson	pois	poignet
roi	roi	roitelet*		
soi	soir	soie	soixante	
toi	toile	toiture	toilette	
voi	voiture	voile	voisin	
bé	bébé	béquille	bétail	béton
cé	cédille	céréale	céleri	
dé	décembre	dé	détail	
fé	fée	féminin		
lé	légume	léopard		
mé	médaille	métier	métal	
pé	pétale	pédale	péniche	
ré	réveil	réponse	réflexe	
té	tétine	télévision	téléphone	télécommande
vé	vélo	véhicule	végétation*	végétal
bou	bouche	bouchon	boule	boucher
cou	cou	couper	coussin	couteau
dou	douche	double	douce	douze
fou	fou	foule	foudre	foulard
gou	goutte	goûter	goulot	
lou	louche	louve	loupe	
mou	mouche	moule	mouton	moulin
pou	poule	poussin	poubelle	poudre
rou	rouge	route	rouleau	
sou	souris	souffler	soupe	souche
tou	toux	toupie	toucher	toucan*
chou	chou	chouette	chouchou	

Listes de mots ayant la même syllabe de rime

beau	corbeau	escabeau	flambeau	lambeau
ceau	cerceau	berceau	lionceau	morceau
deau	rideau	radeau	cadeau	renardeau
leau	rouleau	bouleau	merleau	
meau	chameau	jumeau	plumeau*	rameau
neau	traîneau	tonneau	pruneau	fourneau
peau	peau	drapeau	chapeau	troupeau

reau	taureau	poireau	bureau	carreau
seau	oiseau	museau	roseau	ciseau
teau	bateau	râteau	poteau	manteau
bon	bonbon	jambon	charbon	
con	balcon	flocon	faucon	
don	dindon	bidon	chardon	cordon
fon	chiffon	girafon	carafon*	
gon	wagon	dragon	estragon*	
lon	ballon	melon	pantalon	talon
non	canon	ânon	chaînon	
pon	jupon	pompon	Japon	crépon
ron	potiron	biberon	bûcheron	moucheron
son	blouson	bison	maison	saison
sson	poisson	hérisson	boisson	moisson
çon	garçon	glaçon	maçon	leçon
ton	mouton	coton	jeton	bouton
chon	bouchon	cochon	capuchon	torchon
bou	hibou	caribou*	bambou*	
cou	cou	coucou	casse-cou*	
chou	chou	chouchou	cachou*	
dou	doudou	roudoudou	hindou*	
fou	fou	foufou		
jou	bijou	joujou		
nou	genou	minou	nounou	
rou	verrou	kangourou	mérou*	loup-garou
tou	toutou	matou		
ba	tuba*	caramba*	baba	djellaba*
ca	coca	harmonica	caca	
da	agenda*	bermuda	panda*	soda
ma	cinéma	pyjama	schéma*	lama
can	pélican	volcan	toucan	boucan*
gan	cardigan*	ouragan	toboggan	
san	parmesan*	paysan	artisan	faisan
man	maman	caïman*	musulman*	

Chaînes de mots

une **boule**
elle **coule**
une **foule**
la **houle***
un(e) **moule**
une **poule**
elle **roule**

la **mousse**
elle **pousse**
rousse
il **tousse**
la **frousse***
une **gousse***
une **housse***

un **bout**
la **boue**
un **coup**
le **cou**
doux
un **fou**
le **goût***
vous
la **joue**
un **loup**
c'est **mou**
nous
un **pou**
une **roue**
un **sou***
tout

boire
une **foire***
la **Loire***
une **poire**
croire

elle **dit**
elle **lit**
elle **rit**
elle **vit**

une **biche**
une **fiche**
une **miche**
une **niche**
elle est **riche**

une **ligne**
un **signe**
une **vigne**

une **maison**
j'ai **raison***
une **saison**

une **voiture**
une **voilure***
une **toiture**

une **boisson**
une **moisson**
un **poisson**

la **bouille***
une **douille***
je **fouille**
il se **mouille**
une **nouille**
la **rouille**
il se **souille***
elle **touille***

une **bête**
une **tête**
une **fête**
une **crête***

un **bain**
un **gain***
la **main**
un **nain**
le **pain**
il **est sain***
en **vain***

un **banc**
un **chant**
un **gant**
pan !*
un **rang***
du **sang**

cent*
une **dent**
les **gens**
il est **lent**
il **ment**
il **pend**
il **rend**
il **sent**
il **tend**
il **vend**
le **vent**

une **bâche**
je **cache**
je me **fâche**
je **gâche**
une **hache**
je **lâche**
je **mâche**
une **tache**
une **vache**

la **bouche**
la **couche**
la **douche**
la **louche**
la **mouche**
la **souche**
je **touche**

un **bouton**
un **bouchon**
un **mouton**
le **croûton**
un **glouton**
nous **goûtons**

un **coin**
du **foin**
un **joint**
loin
moins
un **point**
le **poing**
le **soin**

une **crotte**
il **frotte**
il **trotte**
une **grotte**
il **gratte**

la **cour**
le **four**
le **jour**
lourd
pour
il est **sourd**

tu **bois**
tu **dois***
une **fois**
la **joie***
la **loi***
le **mois**
c'est **moi**
une **noix**
un **pois***
un **poids***
un **roi**
la **soie***
le **toit**
tu **vois**

bien
un **lien**
le **mien**
rien
le **sien**
le **tien**
tu **viens**

deux
le **feu**
un **jeu**
meuh !
un **peu**
il **peut**
il **veut**

le **dos**
un **lot**
un **mot**
un **pot**
un **rot**
un **sot***

une **bague**
une **blague**
une **vague**

une **base**
une **case**
il **rase**
un **vase**
cela **jase***

il **bave**
une **cave**
il **gave**
il **lave**
il **pave***
une **rave***

une **balle**
une **dalle**
une **malle**
une **salle**

beau
l'**eau**
la **peau**
un **seau**

mon **âge**
une **cage**
un **gage**
un **mage**
une **page**
la **rage**
sage

j'ai **bu**
j'ai **dû**
j'ai **lu**
j'ai **pu**
j'ai **su**

la **peste***
le **reste**
il **teste***
une **veste**

elle **serre**
la **terre**
du **verre**
la **guerre**

le **danger**
langer*
manger
ranger

le **matin**
le **marin**
le **satin**
le **sapin**
le **latin***
le **lutin**

un **rat**
du **riz**
une **rue**
une **roue**
un **rond**
un **rang**
un **roi**

une **bise**
une **frise**
une **mise** *
je **vise**

une **botte**
une **cotte***
une **hotte**
une **lotte**
une **motte**
une **sotte**

une **chatte**
une **jatte**
une **latte***
une **natte**
une **patte**

un **bond**
un **don***
le **fond**
un **gond***
long
un **mont***
non
un **pont**
un **rond**
un **son**
le **ton***
ils **vont**

la **bonde***
l'**onde***
le **monde**
une **ronde**
la **sonde***

dire
lire
pire*
rire
sire* (le roi)

blanche
une **branche**
la **hanche**
une **manche**
une **planche**
une **tranche**

je **campe**
une **crampe***
une **lampe**
une **rampe***

un **ange**
je **change**
un **lange**
je **mange**
je **range**
une **orange**
je **dérange**

basse
il **casse**
il **chasse**
elle est **lasse***
elle **passe**
une **tasse**

le **bas**
il est **las***
un **pas**
au **ras**
un **tas**
tu **vas**

une **face***
je **lace***
une **place**
une **glace**
une **trace***

le **bas**
un **gars***
la
ma
sa
un **tas**
un **pas**
un **rat**
il **va**

une **buse***
elle **fuse***
une **ruse**

un **bar***
un **car**
du **lard**
par
un **char**

une **dose**
je **pose**
une **rose**
une **chose**

un **cadeau**
un **radeau**
un **rideau**
un **bateau**
un **gâteau**
un **râteau**
un **château**

je **baille**
une **caille***
une **faille***
une **maille***
une **paille**
la **taille**

la **peine***
une **reine**
la **Seine**
la **veine***

un **chauve***
un **fauve***
je me **sauve**

Un mot dans un autre

table	étable	cartable
vendre	vendredi	
nouille	grenouille	
bille	je m'habille	
car	carton	cartable
pou	poussière	poubelle
poire	poireau	
rat	râteau	raton
vent	éventail	ventilateur
mer	mercredi	merci
niche	caniche	
four	fourmi	fourchette
poule	ampoule	
case	caserne	
etc.		

Activités 16 et 17

ba	ca	da	fa	ga	ja	la	ma	na	pa	ra	sa	ta	va	cha
be	ce	de	fe	ge	je	le	me	ne	pe	re	se	te	ve	che
bi	ci	di	fi	gi	ji	li	mi	ni	pi	ri	si	ti	vi	chi
bo	co	do	fo	go	jo	lo	mo	no	po	ro	so	to	vo	cho
bu	cu	du	fu	gu	ju	lu	mu	nu	pu	ru	su	tu	vu	chu
bou	cou	dou	fou	gou	jou	lou	mou	nou	pou	rou	sou	tou	vou	chou
bau	cau	dau	fau	gau	jau	lau	mau	nau	pau	rau	sau	tau	vau	chau
bon	con	don	fon	gon	jon	lon	mon	non	pon	ron	son	ton	von	chon
boi	coi	doi	foi	goi	joi	loi	moi	noi	poi	roi	soi	toi	voi	choi
ban	can	dan	fan	gan	jan	lan	man	nan	pan	ran	san	tan	van	chan
ben	cen	den	fen	gen	jen	len	men	nen	pen	ren	sen	ten	ven	chen
bin	cin	din	fin	gin	jin	lin	min	nin	pin	rin	sin	tin	vin	chin
bain	cain	dain	fain	gain	jain	lain	main	nain	pain	rain	sain	tain	vain	chain
bein	cein	dein	fein	gein	jein	lein	mein	nein	pein	rein	sein	tein	vein	chein
boin	coin	doin	foin	goin	join	loin	moin	noin	poin	roin	soin	toin	voin	choin

N.B.: Pour attirer l'attention sur la règle d'orthographe du «c» et du «g» devant un «e» et un «i», nous proposons de surligner les cases correspondantes.

Activité 4

Combien y a-t-il de lettres dans le mot : **mardi** ?	Quelle est la 1re syllabe du mot : **champignon** ?	Récite les noms des jours de la semaine.
Récite l'alphabet en entier.	Trouve un mot qui rime avec : **bateau**.	Quelle est la dernière syllabe du mot : **domino** ?
Trouve un mot qui commence par la syllabe : « **bi** ».	Trouve un mot qui se termine par le son : **[o]**.	Combien y a-t-il de syllabes dans le mot : **chocolat** ?
Quel jour vient après mardi ?	Frappe dans tes mains les syllabes du mot : **télévision.**	Lis ce mot à haute voix : **vendredi**.

Activité 25

Opposition [p]/[b]

- Mes bottes sont couvertes de **poux**. (boue)
- Mon copain a attrapé des **boues** dans ses cheveux. (poux)
- J'ai mangé un **bain** au chocolat. (pain)
- Maman met de la mousse parfumée dans son **pain**. (bain)
- Papa accroche une **poule** bleue dans le sapin. (boule)
- La petite **boule** blanche a pondu un œuf. (poule)
- La princesse habite dans un **balai** doré. (palais)
- Le manche du **palais** est cassé. (balai)

Opposition [k]/[g]

- N'ouvre pas la **gage** aux oiseaux ! (cage)
- On lave la vaisselle et ensuite on l'**écoute**. (égoutte)
- J'aime **égoutter** la musique. (écouter)
- Mamie a un **cran** jardin plein de fleurs. (grand)
- Quand il fait froid, je mets des **camps** de laine. (gants)
- Je prends le **gare** pour aller à l'école. (car)
- Le train s'arrête dans une **car**. (gare)

Opposition [ʃ]/[ʒ]

- Ma petite sœur **chou** dans sa chambre. (joue)
- Le chat se **cage** sous le lit. (cache)
- Ferme la **bouge** quand tu manges ! (bouche)
- La porte de la **cache** est ouverte. (cage)
- Les **manges** de ta chemise sont trop longues. (manches)
- Arrête de **boucher** sans arrêt ! (bouger)

Petite phrase à retenir :
« Ma bouche bouge quand je mange. »

Opposition [t]/[d]

- La bouteille d'eau est **vite**. (vide)
- La voiture roule trop **vide**. (vite)
- Papa monte sur le **doigt** de la maison. (toit)
- Je me suis piqué le **toit** de la main. (doigt)
- L'eau de la **touche** ne coule plus. (douche)
- Appuie sur une **douche** de l'ordinateur ! (touche)

Petites phrases à retenir :
« Titine la tortue têtue trottine. »
« Dodo le dindon dodu se dandine. »

Opposition [s]/[z]

- La peau de bébé est **douze**. (douce)
- Mon petit frère sait compter jusqu'à **douce**. (douze)
- J'ai mangé un bon **désert** au chocolat. (dessert)
- Le chameau marche dans le **dessert** du Sahara. (désert)
- Pierre a avalé une arête de **poison**. (poisson)
- Certains champignons sont des **poissons**. (poison)
- Demain, mon **coussin** vient à la maison. (cousin)
- Le chat dort sur le **cousin** rouge. (coussin)

Activités 37, 38, 39

La pomme d'or

Il était une fois un roi qui était très riche.
Comme il était très riche, il avait tout. Et comme il avait tout, il s'ennuyait. Il passait son temps à inventer toutes sortes de canulars.
Un jour, il fit annoncer que celui qui lui raconterait le plus gros mensonge gagnerait une pomme d'or. Une pomme d'or, c'est quelque chose de très cher, voilà pourquoi du matin au soir des foules de gens se pressèrent au château pour mentir.
Ils disaient tous des histoires à dormir debout. Le roi, sur son trône, les écoutait en jouant avec la pomme d'or. Il riait et disait :
– Presque incroyable ! Mais ça pourrait presque être vrai. En tout cas ce n'est pas le mensonge le plus gros ! Les gens s'en allaient alors tout déconcertés, mais le roi s'était bien amusé et ne s'était pas ennuyé de toute la journée. *[Fin de la première partie]*

Un matin, voilà qu'un jeune homme entra d'un bond dans la salle du trône et mit une cruche sous le nez du roi.

– Très révéré Roi, dit-il, je suis venu chercher mes pièces d'or !
– Quelles pièces d'or ? demanda le roi.
– Comment vous ne le savez plus ? dit le jeune gaillard. Il y a quelques jours je vous ai prêté cette cruche pleine de pièces d'or, et vous avez dit qu'aujourd'hui je pourrais venir les chercher !
Alors le roi sauta sur ses pieds, furieux :
– Quelle impudence, cria-t-il, moi, je t'aurais emprunté des pièces d'or ? C'est bien le plus grand mensonge que j'aie jamais entendu !
Le jeune homme se mit à rire :
– Si c'est le plus grand mensonge, vous devez me donner la pomme d'or !
Mais le roi n'était pas seulement très riche, il était aussi très avare. En vérité, il n'avait jamais eu l'intention de donner la pomme à personne. Ni la pomme, ni rien d'autre d'ailleurs. Alors il répondit :
– Ne nous précipitons pas ! Si je réfléchis bien, il se pourrait que tu dises la vérité. En tout cas, ce n'est pas le plus grand mensonge !
– D'accord, ça me va, dit le jeune homme. Si c'est vrai, ce que j'ai dit, donnez-moi cette cruche pleine de pièces d'or !
Alors le roi s'aperçut que le jeune homme avait joué au plus fin avec lui. Il fallut donner la pomme d'or…

Extrait de *40 petits contes*, M. et R. Rettich, Bayard éditions/Centurion, Paris, 1984.

Activité 41

Epaminondas et sa Marraine

Il y avait en Louisiane, en Amérique, une brave dame qui n'avait qu'un fils. Comme elle était pauvre et n'avait pas grand'chose à lui laisser, elle voulut lui donner un beau grand nom. Elle l'appela Epaminondas, du nom d'un général grec de l'ancien temps, qui gagna deux célèbres batailles. Epaminondas grandit. Il avait l'habitude d'aller voir très souvent sa marraine. Elle l'aimait beaucoup et ne manquait jamais de lui donner quelque chose à chacune de ses visites.

Un jour, la marraine d'Epaminondas lui donna un beau morceau de gâteau.

– Ne le perds pas, dit-elle. Tiens-le bien serré.

– Sois tranquille, marraine ! répondit Epaminondas. Il ferma le poing et serra si bien le gâteau, que, lorsqu'il arriva chez lui, il n'en restait plus qu'une poignée de miettes.

– Qu'est-ce que tu apportes là, Epaminondas ? demanda sa maman.

– Du gâteau, maman, dit Epaminondas.

– Du gâteau ! De ma vie !... Mais qu'as-tu fait du bon sens que je t'ai donné à ta naissance ? Quelle manière tu as de porter un gâteau ! La manière de porter un gâteau, c'est de l'envelopper proprement dans un papier fin, et de le mettre dans la coiffe de son chapeau, puis on met son chapeau sur sa tête, et on revient tranquillement à la maison. Tu comprends ?

– Oh oui, maman, dit Epaminondas.

Quelques jours plus tard, Epaminondas retourna chez sa marraine, et elle lui donna, cette fois une belle motte de beurre pour sa maman, du joli beurre bien frais.

Epaminondas l'enveloppa soigneusement dans un papier fin, le mit dans la coiffe de son chapeau, mit son chapeau sur sa tête, et revint tranquillement à la maison.

Hélas, c'était l'été et le soleil était chaud. Le beurre commença à fondre, et se mit à couler de tous les côtés ! Lorsque Epaminondas arriva chez sa maman, le beurre n'était plus dans le chapeau, il était sur Epaminondas. La maman leva les bras au ciel et s'écria :

– Epaminondas, qu'est-ce que tu apportes là ?

– Du beurre, maman, dit Epaminondas.

– Du beurre ?... dit sa maman. De ma vie !... Epaminondas, qu'as-tu fait du bon sens que je t'ai donné à ta naissance ?... Ce n'est pas la manière de porter du beurre ! La manière de porter du beurre, c'est de l'envelopper avec des feuilles fraîches, bien serré et, le long du chemin, de le tremper dans le ruisseau et de le tremper encore, et encore, et puis après, on le prend dans ses mains et on l'apporte à la maison. Tu comprends ?

– Oh oui, maman, dit Epaminondas.

La semaine suivante, lorsque Epaminondas retourna chez sa marraine, elle lui donna un joli petit chien.

Epaminondas l'enveloppa dans des feuilles fraîches, bien serré, puis il le trempa dans le ruisseau, et il le trempa encore, et encore : et après il le prit dans ses mains pour l'apporter à la maison, mais quand il arriva le pauvre petit chien était presque mort. Sa maman le regarda et dit :

– Epaminondas, qu'est-ce que tu apportes là ?

– Un petit chien, maman, dit Epaminondas.

– Un petit chien ! De ma vie !… Epaminondas, mais qu'as-tu fait du bon sens que je t'ai donné à ta naissance ?... Ce n'est pas la manière de porter un petit chien ! La manière de porter un petit chien, c'est de prendre une longue corde, d'en attacher un bout au cou du chien, de mettre le chien par terre, et de prendre l'autre bout de la corde, et on rentre à la maison en le tirant après soi, comme ça. Tu comprends ?

– Oh, très bien, maman, dit Epaminondas.

Lorsqu'il revint chez sa marraine, elle lui donna un pain tout frais, un joli pain long à la croûte dorée.

Epaminondas prit une longue corde ; il en attacha un bout autour du pain, puis il mit le pain par terre, prit l'autre bout de la corde, et revint à la maison en tirant le pain après soi – comme ça.

Quand il arriva, sa maman regarda la chose au bout de la corde, et dit :

– De ma vie ! Epaminondas, qu'est-ce que tu apportes là ?

– Un pain, maman, dit Epaminondas. C'est marraine qui me l'a donné.

– Un pain ! dit sa maman. Oh ! Epaminondas ! Mais tu n'as point de bon sens. Tu n'en as jamais eu, et tu n'en auras jamais point ! Tu n'iras plus chez ta marraine. C'est moi qui irai, et je ne t'expliquerai plus jamais rien.

Le lendemain, sa maman se prépara pour aller chez la marraine, et elle dit :

– Je vais te dire une chose, Epaminondas. Tu vois bien ces six petits pâtés que je viens tout juste de faire cuire ? Je les ai mis devant la porte pour les faire refroidir. Tu les protégeras du chien et du chat et, si tu as besoin de sortir, fais attention comment tu passes dessus, n'est-ce pas ?

– Oui, maman, dit Epaminondas.

La maman mit son bonnet et son châle et s'en alla chez la marraine.

Les six petits pâtés tout en rang refroidissaient sur le seuil de la porte.

Et comme Epaminondas voulait sortir, il fit bien attention comment il passait sur les pâtés.

– Un, deux, trois, quatre, cinq, six !… Il mit son pied bien exactement au milieu de chacun d'eux !…

Et savez-vous ce qui arriva quand la maman rentra ? Personne n'a jamais pu me le dire, mais vous pouvez peut-être le deviner… et je suppose qu'Epaminondas ne sut jamais le goût qu'avaient ces petits pâtés-là !

Conte nègre des États-Unis du Sud d'après Miss Sara Cone Bryant

D.R.

Activité 46

La petite poule rousse

La petite poule rousse gratte dans la cour ; elle trouve un grain de blé.
– Qui va semer ce blé ? dit la petite poule.
– Pas moi ! dit le dindon.
– Ni moi ! dit le canard.
– Bon, dit la petite poule, je vais le semer toute seule.

Elle attend que le blé soit mûr et elle dit :
– Qui va porter ce grain au moulin ?
– Pas moi ! dit le dindon.
– Ni moi ! dit le canard.
– Bon, dit la petite poule, je vais le porter toute seule.

Elle attend que le grain soit moulu et elle dit :
– Qui va faire du pain avec cette farine ?
– Pas moi ! dit le dindon.
– Ni moi ! dit le canard.
– Bon, dit la petite poule, je vais le faire toute seule.

Elle attend que le pain soit cuit et elle dit :
– Qui va manger le bon pain bien doré ?
– Moi ! dit le dindon.
– Moi aussi ! dit le canard.
– Non, pas vous, dit la petite poule, je vais le manger avec mes poussins !

Activités 2, 3, 4

Activités 8, 9, 10, 13

Activités 8, 9, 10, 13 (suite)

Activités 8, 9, 10, 13 (suite)

Activité 23

Activité 23 (suite)

Activité 25

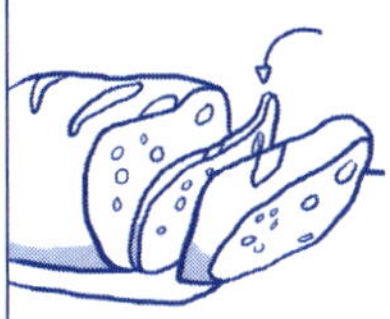

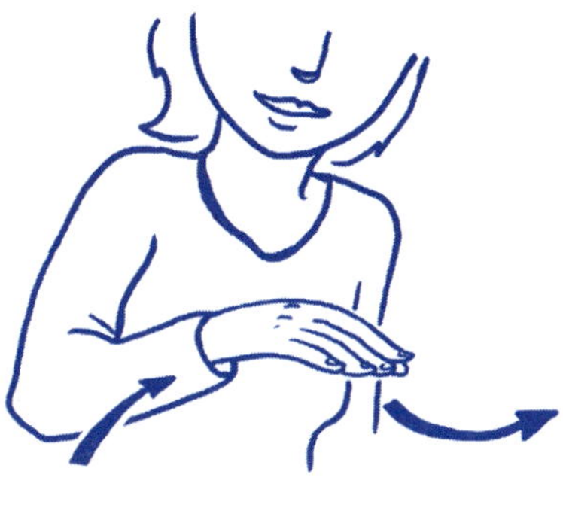

Activités 37, 38

Activité 40

Activité 41

Activité 45

Activité 44

Activité 46

Activité 47